Social Life Skills

知的障害・発達障害の人たちのための
見てわかる社会生活ガイド集

「見てわかる社会生活ガイド集」編集企画プロジェクト　編著
公益財団法人 明治安田こころの健康財団　協力

▶ みんなの体験から学ぶ

▶ ひとり暮らし便利帳

▶ 3つの「もしもストーリー」

▶ 安心安全3つのキーワード

ジアース教育新社

知的障害・発達障害の人たちのための「見てわかる社会生活ガイド集」の発刊にあたって

　当財団は、1965年の設立当初より、子どもの健全な育成を通した社会貢献という理念から、民間の相談機関の先駆けであった自閉症や知的障害の子どもたちの療育相談、子どもの抱える心理的な問題の相談、教育や福祉・医療に関わる専門家の育成のための研修、子どもの精神保健や福祉の分野への研究助成等の事業を立ち上げ活動してまいりました。2012年4月1日には、公益認定を受け「公益財団法人　明治安田こころの健康財団」となり、公益目的達成のためさらに事業の充実を図ってまいりますので、皆様の温かいご理解とご支援をお願い申し上げます。

　さて、当財団が編集企画プロジェクトを立ち上げ2008年に出版されました「知的障害や自閉症の人たちのための　見てわかるビジネスマナー集」（ジアース教育新社）は、大変大きな反響があり、これまで既に12版を重ねております。社会人として安定して働くためには、仕事に関する技術や知識だけでなく、社員として社会人としての必要なマナーを身につけることが重要であるとして、この前著は企画されました。前著の広まりとともに現場からの声にさらに耳を傾けてみますと、安定して働き続けるためには、さらに生活の管理やお金の管理、余暇活動、あるいは消費トラブルなどの社会的リスクへの対応なども大変重要であることがわかってきました。そこで、前著の姉妹編を企画することとし、新たに「見てわかる社会生活ガイド集」編集企画プロジェクトを2010年に立ち上げ、今般本書の出版に至りました。

　本書は、働く知的障害や発達障害の人たちの暮らしや人生の充実・安心のために、基本的なポイントに焦点を当て理解を深めてもらうとともに、それらを本人、家族、職場や学校で関わる人たちで共有し、繰り返し立ち返ることのできる具体的な支援ツールを目指したものです。「みんなの体験から学ぶ」と「ひとり暮らし便利帳」を中核に、わかりやすいイラストがふんだんに挿入されていますので、前著「見てわかるビジネスマナー集」と合わせて広く活用されていくことを願う次第です。

　最後に、ご本務ご多用の中、本書の企画から出版に至るまで惜しみないご協力をいただきましたプロジェクトメンバーの皆様、迫力のある多数のイラストを描いていただきましたイラストレーターの方、および発行にご尽力いただきましたジアース教育新社のご担当者の方に心から感謝申し上げます。

公益財団法人　明治安田こころの健康財団
理事長　山本　和雄

もくじ

知的障害・発達障害の人たちのための
「見てわかる社会生活ガイド集」の発刊にあたって ……………………………………… 3

長く働き続けるための社会生活ガイド ……………………………………… 8
この本を読む前に ……………………………………… 10
はじめに
　「社会生活ガイド集」について ……………………………………… 12
　本書に登場する3つのツール ……………………………………… 13
　ライフステージにおける社会生活の課題 ……………………………………… 14

第1章　みんなの体験から学ぶ ……………………………………… 19

1. 職場と家庭で同時に起きた変化で混乱したミユキさん（20歳）…………… 20
2. ひとりでさみしかったマサキさん（20歳）……………………………………… 24
3. 仕事と家庭の両立が負担になったミカコさん（21歳）…………………………… 28
4. 友だちとお金のトラブルになったカズオさん（22歳）…………………………… 32
5. 職場の変化、住む場所の変化で悩んだマサヒロさん（24歳）……………… 36
6. お金に羽根が生えたように減ってしまうアヤカさん（26歳）……………… 40
7. 突然のひとり暮らしを体験したコウヘイさん（32歳）…………………………… 44
8. 貯金がすっかりなくなってしまったチアキさん（32歳）………………………… 48
9. どん底からの脱出、何度でもやり直せるよ！ケンさんの人生（34歳）…… 52
10. 長い単身生活で健康に不安があるサトシさん（46歳）……………………… 56
11. 自分で選んだ食事サービスで健康管理をしているマサルさん（56歳）…… 60
12. 突然ひとり暮らしになり、お金のトラブルに巻き込まれたゴロウさん（61歳）… 64
13. お金の管理と健康管理、家事が難しくなったアツコさん（65歳）………… 68
14. 同じ障害のあるヨシエさんと結婚したハルオさん（35歳）………………… 72

第2章　ひとり暮らし便利帳 ……………………… 77

①暮らしの基本

1．困ったときは　すぐ相談 !! ……………………… 78
2．ひとり暮らしの　SOS ……………………… 79
3．スケジュールの　上手な管理 ……………………… 80
4．ひとりで暮らす　2人で暮らす ……………………… 81
5．お金の管理　契約の手続き ……………………… 82

②日々の暮らし

■ 衣・食・住とエコ

6．おしゃれ　そして身だしなみ ……………………… 83
7．服やくつ　自分で買って自分で保管 ……………………… 84
8．健康につながる　食事 ……………………… 85
9．無理をしないで　うちごはん ……………………… 86
10．栄養を考え　上手に外食 ……………………… 87
11．備えておこう　病人食 ……………………… 88
12．そうじをして　健康で安全に ……………………… 89
13．住まいのトラブル　あわてない ……………………… 90
14．エコな暮らしを　始めよう ……………………… 91

■ 健康管理

15．日々の健康　自分で守ろう ……………………… 92
16．備えておこう　救急用品 ……………………… 93
17．病院で　みてもらおう ……………………… 94
18．心だって　かぜをひく ……………………… 95

■ お金

19. お金と上手に　つきあおう　……………………………………………… 96
20. あなたのお金は　どこから？　……………………………………………… 97
21. １か月　いくらかかるか生活費　……………………………………… 98
22. 小づかい帳を　つけてみよう　……………………………………………… 99
23. 見えないお金に　気をつけよう　………………………………………… 100
24. これであなたも　買い物上手　…………………………………………… 101
25. さぎ商法に　気をつけよう　………………………………………………… 102
26. 預金口座・通帳・カード　上手に使おう　…………………………… 103
27. 気をつけよう　お金のトラブル　………………………………………… 104

■ 携帯電話とパソコン

28. 携帯電話と　上手につきあう　…………………………………………… 105
29. インターネットと　上手につきあう　…………………………………… 106
30. パソコンと　上手につきあう　…………………………………………… 107

③暮らしの安全

31. 自分でできる　暮らしの安全　…………………………………………… 108
32. 貴重品とプライバシーを　守ろう　……………………………………… 109
33. 気をつけよう　危険であやしいのは？　………………………………… 110
34. 地震や台風に　そなえる　…………………………………………………… 111
35. 女性のひとり暮らし　心配なこと　……………………………………… 112

④人間関係

36. 大切な人との　きずな（絆）　……………………………………………… 113
37. ご近所との　良いつきあい　………………………………………………… 114
38. 苦情を言われたとき　苦情を言いたいとき　………………………… 115

39. 人間関係のもつれ　トラブル …………………………………………… 116

⑤余暇と趣味

40. 楽しく遊べ！　大人の暮らし ………………………………………… 117
41. お金をかけずに　上手に楽しむ ……………………………………… 118
42. お酒・タバコ・ギャンブル　大人らしい遊び？ …………………… 119

【コラム】こんな余暇活動もあるよ！

丸の内オフタイム倶楽部 ………………………………………………… 120
やさしい旅の会 …………………………………………………………… 121

第3章　3つの「もしもストーリー」 ……………… 125

A　デート代のために借金をしてしまった2人 ………………………… 126
B　両親の入院で生活・仕事に大きな影響が出てしまったオサムさん …… 128
C　いつの間にかストーカーになってしまったアツシさん …………… 130

第4章　安心安全3つのキーワード ……………… 133

1　権利擁護 ………………………………………………………………… 134
2　犯罪 ……………………………………………………………………… 136
3　相談支援ネットワーク ………………………………………………… 138

「見てわかる社会生活ガイド集」編集企画プロジェクトおよび執筆分担 …… 142

長く働き続けるための社会生活ガイド

年をとるまで、仕事をし続けられれば、大変幸せです。日本人の多くは、60歳から70歳頃まで働きます。あなたがその年になるまで、あと何年ありますか？　計算してみてください。もし、今20歳なら、あと40年以上働けます。今30歳なら、少なくとも30年は働けます。今40歳なら、まだ20年は働けます。そして、今50歳でも、まだ10年は働くのです。

働き続けるには、普段からできるだけ元気で、安定した生活を送る必要があります。一番心配なのは、「これはいけないことだ」とわかっていても、やめられないことです。

例えば、こんなことがありませんか？

- 健康診断で、「太りすぎ」と注意されたのに、夕食前にハンバーガーを食べてしまう。
- 毎月カラオケでお金を使いすぎて反省しているのに、給料日が来るとまたカラオケに出かけてしまう。
- 後で考えると自分が悪いのに、口げんかをした友だちに謝ることができない。
- 明日は朝早く出勤しなくてはいけないのに、夜遅くまで友だちと携帯電話でおしゃべりをしてしまう。など

これらは、誰にでもあることです。でも、このようなことを何度もくりかえしていると、少しずつ生活が乱れていきます。そして、最後には、今働いている会社を「やめる」ことになるかもしれないのです。

　この本では、あなたが仕事をし続けるために、守らなくてはならない社会生活をまとめてみました。どれも大切なことです。ただし、この本に書かれていることを、すべて守ることは大変難しいことです。完璧にこなせる人は、なかなかいません。でも、「何が大切で」「どうしなくてはいけないか」を知っておく必要があります。学校を卒業して、年をとっても、覚えることはたくさんあるのです。

・仕事を続けるには、健康に気を配ります。
・仕事を続けるには、計画的にお金を使います。
・仕事を続けるには、友だちや近所づきあいの方法を身につけます。
・仕事を続けるには、休みの日にリフレッシュする方法を見つけます。
・仕事を続けるには、困ったときに相談にのってくれる人を見つけます。

　この本にはたくさんのことが書かれており、全部読むのは大変かもしれません。でも、必ず最後まで読んでください。一人で読むのが難しいようなら、身近で相談できる人に手伝ってもらいましょう。いつでも、手伝ってくれる人がいるということも、大切なことです。

この本を読む前に

　この本の中の**「みんなの体験から学ぶ」**は、どれも架空の体験ですが、知的障害や発達障害のある人で働いている、または働いていた20～60代の14人の体験を紹介しています。これから起こるかもしれない社会生活で、「何が大切か」「どうすれば良いのか」について考えてみる、良いきっかけにしてほしいと思います。

　「ひとり暮らし便利帳」では、社会生活で役立つノウハウを集めました。生活場面に応じてまとめてあるので、困ったときに、自分の状況に合ったところを読んでください。

社会生活を「6つの側面」に分けて考えてみる

- この本では、社会生活に問題が生じたとき、問題の背景にある小さな出来事を、6つの側面（①人との関係、②健康、③お金、④安全、⑤住まい、⑥その他）に整理しました。
- 15ページの「表1　社会生活の6つの側面」では、社会人になったばかりの知的障害や発達障害のある人を想定して、6つの側面について「目の前の課題」と「将来の課題」に分けてまとめました。これを見ると、問題の背景や出来事が見つけやすくなります。
- 右ページの表は、「みんなの体験から学ぶ」と「ひとり暮らし便利帳」の内容を、6つの側面に分けたものです。6つの側面を表すアイコンは、「みんなの体験から学ぶ」と「ひとり暮らし便利帳」のそれぞれのタイトルの右側にも表示してあります。

みんなちがう「人柄」や「生活スタイル」がある

- 一人ひとりの人柄や望んでいる生活スタイルは、みんなちがっています。この本では、これを無理に変えようとするのではなく、良いところを大切にしながら、社会で豊かに生きること、自分らしく生活していくことを目標にしています。
- 横軸を「人づきあいに対する態度」、縦軸を「生活の変化に対する態度」として、この本ではみんなの「人柄」や「生活スタイル」を、図のようにA～Dの4タイプに分けてみました。この図の詳しい説明は、16ページに書いてあります。

■ 人柄と生活スタイル

	生活の変化に対する態度	
A	C	人づきあいに
B	D	対する態度

- どのタイプが良くて、どのタイプが悪いというものではありません。例えばDタイプの人が、無理をしてAタイプの方に近づくような必要はありません。
- 「みんなの体験から学ぶ」に出てくる14人の主人公は、それぞれA～Dタイプに設定されています。体験を読み進めながら、「人柄と生活スタイル」を合わせて考えてみると、問題の背景や出来事がわかりやすくなります。
- 自分らしさを大切にしながら、より良い生活の仕方を考えるきっかけにしてください。

「みんなの体験から学ぶ」と「ひとり暮らし便利帳」の内容を6つの側面に分けた表

社会生活	みんなの体験から学ぶ	ひとり暮らし便利帳 （すぐに解決が必要なこと）	ひとり暮らし便利帳 （さらに上のノウハウ）
①人との関係	体験2 体験4 体験5 体験8 体験9 体験11 体験12	36. 大切な人との きずな(絆) 37. ご近所との 良いつきあい 40. 楽しく遊べ！ 大人の暮らし	6. おしゃれ そして身だしなみ 38. 苦情を言われたとき 　　苦情を言いたいとき 39. 人間関係のもつれ トラブル
②健康	体験1 体験3 体験9 体験10 体験11 体験13	8. 健康につながる 食事 12. そうじをして 健康で安全に 15. 日々の健康 自分で守ろう 17. 病院で みてもらおう 41. お金をかけずに 上手に楽しむ	9. 無理をしないで うちごはん 10. 栄養を考え 上手に外食 18. 心だって かぜをひく 42. お酒・タバコ・ギャンブル 　　大人らしい遊び？
③お金	体験2 体験4 体験6 体験8	5. お金の管理 契約の手続き 19. お金と上手に つきあおう 21. 1か月 いくらかかるか生活費 24. これであなたも 買い物上手 28. 携帯電話と 上手につきあう	7. 服やくつ 自分で買って自分で保管 20. あなたのお金は どこから？ 22. 小づかい帳を つけてみよう 23. 見えないお金に 気をつけよう 26. 預金口座・通帳・カード 　　上手に使おう
④安全	体験8 体験12	1. 困ったときは すぐ相談!! 11. 備えておこう 病人食 29. インターネットと 上手につきあう 30. パソコンと 上手につきあう 31. 自分でできる 暮らしの安全 33. 気をつけよう 　　危険であやしいのは？	16. 備えておこう 救急用品 25. さぎ商法に 気をつけよう 27. 気をつけよう お金のトラブル 32. 貴重品とプライバシーを 守ろう 34. 地震や台風に そなえる 35. 女性のひとり暮らし 心配なこと
⑤住まい	体験3 体験5 体験7 体験9 体験13	2. ひとり暮らしの SOS 4. ひとりで暮らす 2人で暮らす 13. 住まいのトラブル あわてない	3. スケジュールの 上手な管理 14. エコな暮らしを 始めよう
⑥その他	体験14	①〜⑤の大切なことを、いつも自分でチェックしましょう	失敗しても、①〜⑤の大切なことを思い出して、やり直してみましょう

※「みんなの体験から学ぶ」の中には、問題の背景や出来事が、複数の側面に分類される体験もあります。

＜はじめに＞

※＜はじめに＞は、あなたの支援者に向けて書かれていますが、一緒に読んでみてください。

「社会生活ガイド集」について

■ 社会で生活する姿を想像してみましょう

　特別支援学校の高等部に通っている生徒を想像してください。それも、卒業後に就職を目指している、軽度の知的障害がある生徒です。

　近所のコンビニで、雑誌を立ち読みしている姿をイメージする人がいるかもしれません。あるいは、ATMでお金を下ろしている姿でしょうか。美容室・理容室でカラーリングの相談をしている、ハンバーガーショップで友だちと一緒にドリンク１杯の注文で長時間粘っている、携帯端末で面白いサイトを見つけて友だちにメールを送っている、テレビのCMで見た最新のレンタルDVDを探している姿でしょうか。小遣いの使い方について母親と口げんかしている姿、友だちと深夜まで遊びまわり家族に見つからないようにコッソリ帰宅する姿、ネットサーフィンで夜ふかししてしまい何度起こされても目を覚まさない姿、どれもありそうです。もちろん、恋愛感情は友だち同士の情報交換であり親と話をすることはありません。

　さて、卒業して５年、10年、20年が経ちました。どんな生活をしているでしょう。

　就職していれば、自由に使えるお金が格段に増えているはずです。自分で車を運転して通勤している、親元を離れて一人暮らしを楽しんでいる、学生時代の友だちではなく職場の仲間と居酒屋で愚痴を言っているかもしれません。職場の同僚、先輩・後輩、さらには上司との人間関係はどうなっているでしょう。人生80年です。まだまだ若い年代です。さらに将来どんな夢を描いているでしょうか。もしかしたら、仕事は無欠勤で勤務しているけれど、友だちがいるわけでもなく、１週間を判で押したように規則正しく、堅苦しいスケジュールで過ごしているかもしれません。会社帰りにコンビニで缶ビールを１本買って、夕食と一緒に飲むことが何よりも幸せな人もいるはずです。

　良くない風景も想像できてしまいます。仕事に慣れたのはいいけれど、日常生活が怠惰になり、身なりに気を配らず、不衛生な姿で出勤を繰り返し、上司から毎日のように注意されている姿。頻繁に注意されたためか、遅刻や欠勤が増えはじめています。クレジットカードを使い、軽い気持ちでたくさんの買い物をしてしまい、その精算ができていないことを会社の上司が知ってしまったらどうなるでしょう。異性とのお付き合いの話を職場で誰かれかまわず赤裸々に語ってしまい、職場と家庭が大混乱してしまっているかもしれません。どれも、職場の仕事ぶりが悪かったわけではありません。それでも、仕事を続けていく上で、大きなリスクを抱えてしまっています。

■ 働き続けるための支援

　私たちのまわりには、知的障害や発達障害のある人がたくさん働いています。就職している障害のある人の生活は、非常に変化に富んでいます。仕事を通して社会参加している人は、障害福祉サービスで長い時間を過ごす人と比較できないほど、多くの人から、様々な情報を吸収し、みるみるうちに変化し、成長していきます。そして、たくましさを周囲に感じさせます。就労支援の業務に携わっている支援者の多くは、この変化に本当に驚かされます。

一方、何らかの理由で職を失うと、自信をなくしショックを受けるものです。再就職へ向けての取り組みは、かなりのエネルギーを必要とします。就職後の定着支援を行っていると、仕事に慣れ、職場からも十分評価されるレベルで働いているにもかかわらず、仕事を辞めなくてはならない人に出会います。理由は様々です。「職場の人間関係がうまくいかなかった」「職場が楽しくなくなった」「何となく新しい仕事をしてみたくなった」……具体的なキャリアアップや新しい夢を目指しての転職は、本当に少ないのです。丁寧に経過をたどってみると、小さな出来事が幾重にも積み重なり、結果的に退職しています。そして、職場の外での出来事が、働き続けるためのリスクに発展することも少なくありません。

　本書は、就職し、働き続けている人の生活支援に焦点を当てたものです。離職や転職は、決して否定的な側面ばかりではありません。しかし、本当は今の職場で働き続けたいし、働くことができるにもかかわらず、社会生活の何かが理由で辞めざるを得ない場合が少なくありません。本書では、このような体験を取り上げ、その支援のあり方の提案を行うものです。

　これまで知的障害のある人の生活支援というと、「洗顔や歯磨きがひとりでできる」「好き嫌いなく食事を食べる」「ひとりで適切な服に着替える」など、いわゆる身辺自立的なスキル、さらには「部屋の整理整頓」「洗濯や被服の保管」「調理・買い物」といった日常生活スキルがどれくらいできて、どのような箇所に支援が必要なのかについて、興味・関心が集中していました。そして、その成果が様々な書籍や資料として出版されています。本書でも、身辺処理や日常生活スキルについて取り上げますが、それよりも、より社会的な活動に重きを置きました。例えば、友だち付き合い、あまり親しくない人との付き合い方、様々なグループや活動の場で出合う習慣などです。さらに、このような活動には、必ず何らかの経済的な取引が関わってきます。お金を全く消費しない社会的活動はまれなのです。本書は、このように広い意味での社会生活と、その支援の方法をガイド集としてまとめたものです。

　本書では、たくさんの体験を紹介します。どれも架空の体験事例ですが、就労している知的障害や発達障害のある人の社会生活とその支援のあり方について考える、良いきっかけになるものだと考えています。また、体験はなるべく平易な文章で書き、その特徴を引き出すためのイラストをたくさん挿入しました。知的障害や発達障害のある人が自分で読むことができ、自分の生活と照らし合わすことができることを目指しています。そして、グループワークや個別の面談で、家族や支援者と一緒に本書を読み、自分なりの生活の仕方を考えてもらう参考書になればと願っています。

本書に登場する3つのツール

　本書は、生活支援を容易に進めるための「3つのツール」を提案します。どれも、いたって単純なツールです。決して目新しいものではありません。しかし、社会生活上の課題を抱えた相談者を目の前にすると、支援者はこのような原理・原則を忘れてしまうものです。すべての事例に、しつこいくらい、この3つのツールを応用します。本書を読み終えれば、いつでも、どんな場面でも、忘れずにこのツールを思い出せるはずです。

■ ツール1：問題が表面化する前段を図示する

　仕事を続けられなくなるリスクが表面化するまでには、様々な出来事があったはずです。1つ1つの出来事は、非常に些細なことで、将来大きな問題に発展するとは予想もつかないものが大半です。もし、将来に向けてのリスクを感じても、適切な対応や対策ができるかどうかはわかりません。しかし、私たちの生活支

援の基本の一番目は、この些細な出来事への「気づき」です。

　本書の体験では、働き続ける知的障害や発達障害のある人たちと向き合ってきた執筆陣が、これまでの経験から直面したリスクとその背景をまとめています。そして、気づきが容易にできるよう、そのツールとして「単純なリスクに至る因果関係図」を作成してみました。非常にシンプルな図です。

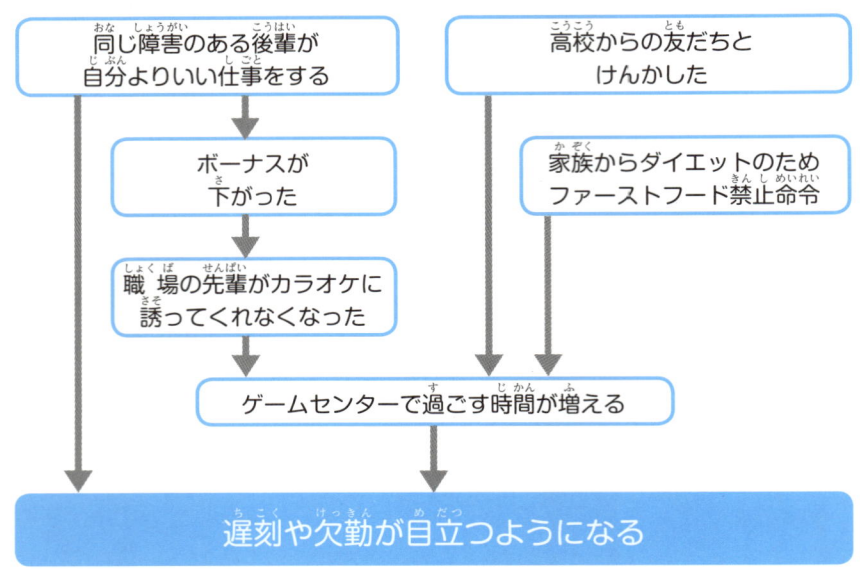

図1　リスクに至る因果関係図（問題の背景の図式化）

　図1は、遅刻や欠勤といった目に余る勤務態度が表面化した事例です。職場の上司の話だと、「どうやら、最近ゲームセンターに入り浸っており、生活が乱れて、仕事に身が入らない」とのことです。もしあなたが本人と面接した場合、「仕事を続けることは大切」「ゲームセンターの利用はしばらく禁止」ときつく注意すれば、問題は解決するでしょうか。恐らく、そんな注意や叱責は職場でも行っているはずです。とても就労支援の専門家の仕事とは言えません。

　ある支援員が、丁寧に話を聞き、家族や関係者からの情報を総合し、図1を描きました。どうして問題が表面化したのか、その背景にある様々な要因を書き出し、簡単に因果関係を矢印で記してみたものです。もちろん、完璧な図を作ることは難しいものです。しかし、このような因果関係の図を一度描いてから面接すると、背後にある要因に対して、新たな気づきに出合い、そしていくつかの対策を提案することが可能になります。例えば、けんかをして最近連絡していない友だちに、電話やメールで謝るというのはどうでしょう。「もう一度仲良くしたいけれど、どうやって仲直りすればいいのかわからない」と言ってくれれば、謝罪の方法についての提案、仲直りできる確率の予測など、いろいろな相談に広がります。意外とすんなりと、休日にまた一緒に遊び出すかもしれません。ゲームセンターに入り浸る要因の何割かは、解消するのではないでしょうか。

　「生活支援の原則」は、まず、知的障害や発達障害のある人の話を丁寧に聞き出し、さらには周囲の人からの情報を総合し、問題が表面化した前段の要因を図示することです。もちろん、図示したからといって問題をすべて解決できるわけではありません。しかし、今まで気づかなかった対策・対応を見つけ出すことができ、その実施に障害のある人が喜んで同意してくれる可能性はあるのです。さらに、このような因果関係図を描き出すと、支援者はほかの人との相談中に何気なく入手した情報に、リスクを感じ取ることができるようになります。リスクの摘み取りは、早ければ早いほど容易かつ自然にできるはずです。本書の架空の体験と因果関係図の作成には、執筆陣のこれまでの実践の反省や自戒の意味も強く含まれていることもご理解ください。

■ ツール２：リスクの背景に潜む６つの社会生活の側面

　前述の気づきと因果関係図を容易に作成するために、本書では問題の背景に潜む些細な出来事を大きく６つの側面で類型化しました。それは、①人との関係、②健康、③お金、④安全、⑤住まい、⑥その他です。また、社会人になった初期の段階を想定し、「目の前の課題」と「将来の課題」に分けてまとめました。さらに、具体的なリスクの代表的サンプルも加えてあります。表１を参照してください。
　この一覧表を見ながら、面接を丁寧に行うことで、現実に即した因果関係図が作りやすくなります。

表１　社会生活の６つの側面

社会生活	目の前の課題	将来の課題	リスクのサンプル
①人との関係	●約束の時間を守る ●友人と職場の同僚・先輩との対人マナーの違い ●携帯電話やメールのマナー ●相手の事情の理解 ●おごりと割り勘のルール ●異性との付き合い	●上手な頼み方 ●上手な断り方 ●安全なイベントの活用 ●異性関係や結婚の相談 ●優しく近づいてくる人と友人・家族の違い	●セクシャルハラスメント ●負担感の大きい友人関係の継続 ●けんかや暴力事件に巻き込まれる
②健康	●病院の利用方法 ●健診結果の確認と相談 ●健康的食生活と肥満 ●アルコール・喫煙習慣 ●ストレスを知る ●衛生と身だしなみ	●かかりつけ医師との信頼関係 ●医療費の負担と制度活用 ●無理のない運動習慣 ●心のリフレッシュ方法	●服薬管理ができなくなる ●若年期からの生活習慣病 ●体調不良の割合が増え、勤怠に影響が出る ●うつや気分障害の診断を受ける
③お金	●給与の把握とその管理 ●生活費を知る ●予算と買い物 ●金融機関の振り込み・引き落とし ●知人とのお金の貸し借り	●貯金 ●年金の管理 ●ローンと支払い ●貴重品の管理 ●権利擁護事業の活用 ●家族・親族と将来の資産の使い方を調整	●架空請求やマルチ商法に引っかかる ●携帯電話会社からの多額の請求（有料ダウンロード等） ●会社にローンの支払いの督促電話がかかる ●印鑑・通帳が見つからない ●家族や周囲の人が本人の貯金を使い込む
④安全	●緊急時の連絡方法 ●危険な場所に近づかない ●交通法規と運転免許 ●災害・事故・事件に巻き込まれた時の対応 ●遺失・紛失への対応 ●交番や駅員への依頼	●防犯・防火の心得 ●権利擁護事業の活用 ●保険の加入や対応方法 ●意図せず加害の立場になった場合の支援の求め方	●ちょっとした事故でパニックに陥る（財布・携帯電話の紛失で、続けて仕事を休む）
⑤住まい	●家族同士のルールを守る ●一人暮らしやグループホームの体験 ●食事や整理整頓 ●町内会等の行事参加	●引っ越し手続きとそのマナー ●戸締りと貴重品の管理 ●共同生活のルールの理解 ●地域の役割への対応（町内会の輪番等） ●どこに住みたいかの意思表示	●孤独な単身生活を続けていくのが難しい ●グループホームの同居者・世話人とのけんかが絶えない
⑥その他	●満員電車のマナーと不審に思われない行動 ●流行とおしゃれ	●資格取得 ●退職と転職 ●趣味と生きがい	●家族（親）の介護が困難 ●年老いた親のために退職

■ ツール３：人柄や望んでいる生活スタイル「個性」を理解する

　表面化したリスクが同じでも、知的障害や発達障害のある人の特性により、その背景の探り方は大きく変わります。障害特性や障害ゆえに生じる認知の特性から、生活上の課題を説明している書籍や資料はたくさんあります。本書においても、全編を通じて障害ゆえの認知特性をいかに理解するかを前提にまとめました。ただし、会社で働き続けている、いわゆる比較的社会適応能力の高い人たちについては、障害特性よりも「個性」の部分に注目した方が、リスクを予防する様々なアイディアが浮かんでくる場合が多いようです。

　ここでは、一人ひとりの人柄や望んでいる生活スタイルを、「人付き合いに対する態度」と「生活の変化に対する態度」の2つの次元で分けて考える方法を提案します。4つに分けられた個性は、それぞれに長所と短所があります。図2では、AタイプからDタイプまでの4つのタイプの長所（▲）と短所（▼）をまとめました。この分類は、支援者の主観的な判断に過ぎません。また、どのタイプが良くて、どのタイプが悪いというものでもありませんから、DタイプをAタイプに変えようとか、近づけようとかするものでもありません。つまり、分類することが目的ではなく、タイプによってリスクの背景を推測しやすくすることが目的なのです。人柄や望んでいる生活スタイルをおさえて体験を読み進めていくことで、出来事の気づきや対策の検討が容易になり、さらには将来の大きな支援の方向性がおぼろげに見えてくると私たちは期待しています。

図2　人柄や望んでいる生活スタイル「個性」を理解するマトリックス

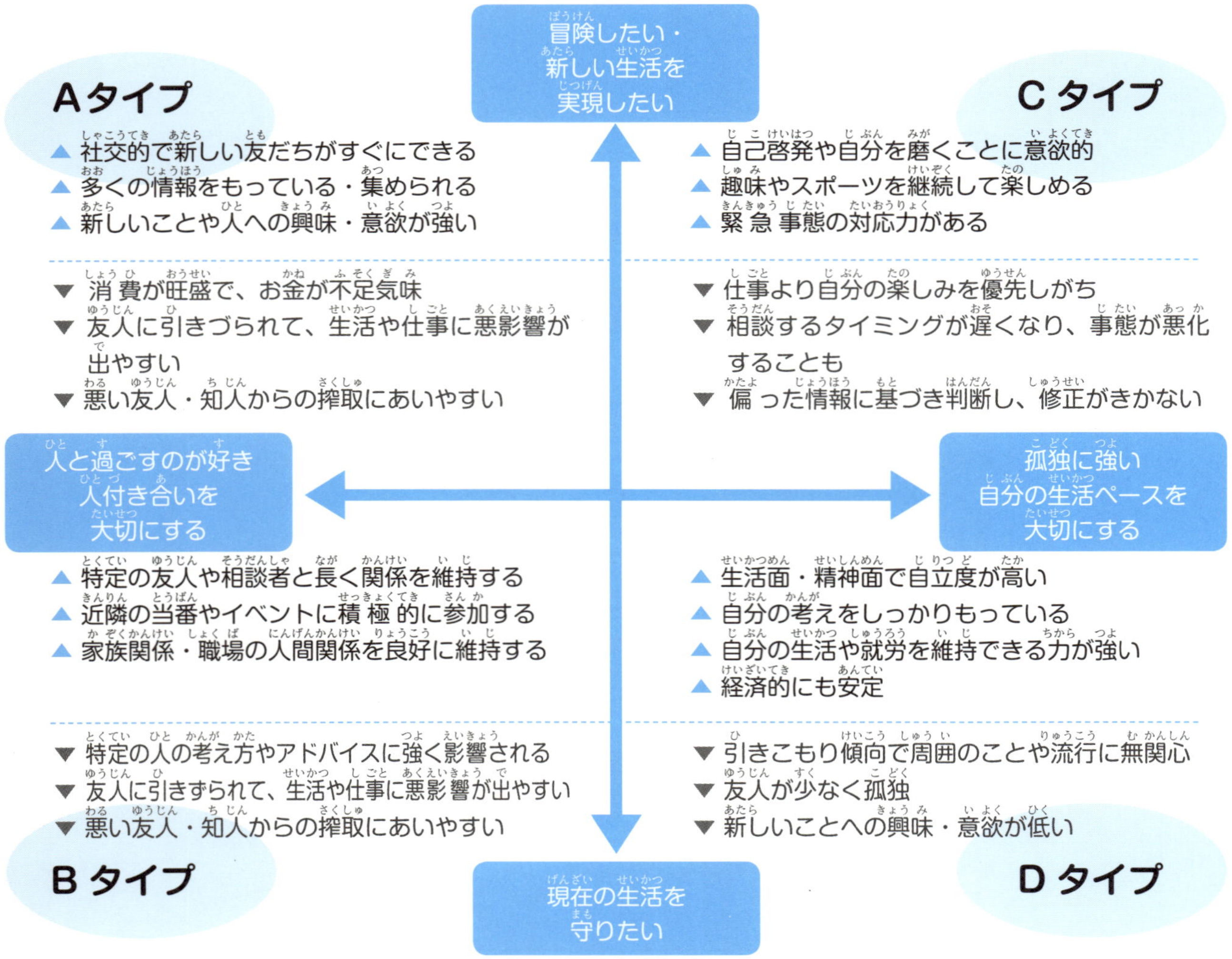

冒険したい・新しい生活を実現したい

Aタイプ
- ▲ 社交的で新しい友だちがすぐにできる
- ▲ 多くの情報をもっている・集められる
- ▲ 新しいことや人への興味・意欲が強い
- ▼ 消費が旺盛で、お金が不足気味
- ▼ 友人に引きづられて、生活や仕事に悪影響が出やすい
- ▼ 悪い友人・知人からの搾取にあいやすい

Cタイプ
- ▲ 自己啓発や自分を磨くことに意欲的
- ▲ 趣味やスポーツを継続して楽しめる
- ▲ 緊急事態の対応力がある
- ▼ 仕事より自分の楽しみを優先しがち
- ▼ 相談するタイミングが遅くなり、事態が悪化することも
- ▼ 偏った情報に基づき判断し、修正がきかない

人と過ごすのが好き　人付き合いを大切にする ←→ **孤独に強い　自分の生活ペースを大切にする**

- ▲ 特定の友人や相談者と長く関係を維持する
- ▲ 近隣の当番やイベントに積極的に参加する
- ▲ 家族関係・職場の人間関係を良好に維持する

- ▲ 生活面・精神面で自立度が高い
- ▲ 自分の考えをしっかりもっている
- ▲ 自分の生活や就労を維持できる力が強い
- ▲ 経済的にも安定

- ▼ 特定の人の考え方やアドバイスに強く影響される
- ▼ 友人に引きずられて、生活や仕事に悪影響が出やすい
- ▼ 悪い友人・知人からの搾取にあいやすい

- ▼ 引きこもり傾向で周囲のことや流行に無関心
- ▼ 友人が少なく孤独
- ▼ 新しいことへの興味・意欲が低い

Bタイプ　　　　　　　　**Dタイプ**

現在の生活を守りたい

ライフステージにおける社会生活の課題

　会社で働いている知的障害や発達障害のある人の社会生活の課題は、そのライフステージによっても大きく異なります。学校を卒業し、間もなく就職した人であっても、職業生活を10年あるいは20年と続けていくうちに、心身の健康状態には変化が現れるものです。同時に、家族も大きく変化していきます。さらに年数が経過すれば、定年退職の年齢に近づき、老後の生活を準備する必要があります。

　図3は、働く知的障害や発達障害のある人のライフステージを大きく3つに分け、それぞれのステージにおける代表的な課題をまとめました。各課題は、比較的良い環境・生活習慣を表す「元気が出る」と、比較的悪い環境・生活習慣を表す「失敗してしまう」という両面性を例示しました。本書では、様々なライフステージの体験を紹介しています。先の3つのツールを使い、一人ひとりのリスクの詳細な背景を分析する前に、まずライフステージごとの課題を大きくおさえておくことも大切です。

図3　ライフステージごとの課題

	元気が出る	失敗してしまう
18歳頃～ 社会人としての生活を始める	理解ある上司・同僚	理解ある上司・同僚の異動
	適職配置	仕事のマンネリ化
	消費生活の広がり	度を越した消費
	新しい人間関係・仲間	悪友とつるむ
	社会の役割・貢献活動	引きこもり・生活意欲の低下
	親世帯からの独立	孤独・孤立・両親への依存度が高いままの生活
35歳頃～ 親子の力関係の逆転	適切な相談者が介入した高額契約・取引の成立	詐欺被害・大きな負債を負う
	支援機関と良好な関係	支援機関との関係の断絶
	体力づくりと良い生活習慣	食生活の乱れ・体力低下・生活習慣病の発症
	きょうだい・親戚と良好な関係	きょうだい・親戚との関係の断絶
	親を支援するチームとの良好な関係	親を支援するチームの支援の拒否
50歳頃～ 自分の高齢化	通院・医師の指示を守る	生活習慣病等の悪化・通院の拒否
	健康状態に合った働き方	無理な働き方・突然の離職
	年金等の良好な管理・制度活用	過剰な消費・経済困窮・居住場所の喪失
	権利擁護関係者の活用・成年後見制度の活用	権利擁護関係者との連携不足・包括性の不足
	地域生活支援の受け入れ・地域の見守りの活用	地域からの孤立・巧妙な搾取者の罠にかかる

第1章

みんなの体験から学ぶ

　この章では、職場や地域、家庭での社会生活を送るうえで問題が生じ、それまでの生活を続けることが難しくなってしまった体験を紹介します。

　仕事と家事でストレスをためこんで体調をくずしてしまったり、友だちに銀行から勝手にお金を引き出されてしまったり、長年の食生活の乱れから通院と服薬が必要になってしまったり・・・・。でも最後の⑭では、まわりの人たちに応援してもらって結婚し、2人で支えあって暮らしているすてきなカップルが紹介されています。

　14人の体験はどれも架空の体験ですが、自分の生活と照らし合わせてみて、これからの生活を考えるときの参考にしてください。

1 職場と家庭で同時に起きた変化で混乱したミユキさん（20歳）

■ ミユキさん
- 女性　20歳　特例子会社（清掃関係）に勤務。
- 母親と2人暮らし。小学生のときに父親は死亡。

■ ミユキさんの体験と ひとり暮らし便利帳 から学ぼう
→　1．困ったときは　すぐ相談！！
→　15．日々の健康　自分で守ろう
→　18．心だって　かぜをひく
→　36．大切な人との　きずな（絆）

■ 人柄と生活スタイル

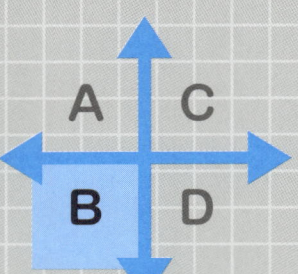

背景

●3年目でフロア清掃の責任者に抜擢されたミユキさん

ミユキさんは、特例子会社に就職して3年目が終わろうとしています。小学校高学年で父親と死別したため、それ以降母親と2人暮らしです。ミユキさんは、母親をとても大切にしており、また母親も、ミユキさんの成長が励みでした。

ミユキさんは、特別支援学校高等部を卒業し、希望していた特例子会社に就職しました。大きなオフィスビルの清掃の仕事が中心です。仕事は真面目にこなし、上司や同僚も早い段階から、安心して仕事を任せていました。

3年目に入り、新たに会議室・接客を中心としたフロアの清掃を、会社が請け負うことになりました。そして、そのフロアの責任者に、3年目のミユキさんが抜擢されたのです。もちろん、新しいフロアの清掃業務の細かな指導やチェックは、教育担当職員が定期的に行ってくれています。ミユキさんもはりきって、がんばっていましたが、秋ごろから健康状態がすぐれません。とうとう11月には、会社を6日も休んでしまいました。そんなことは、会社に入ってからはじめてのことです。

社会生活を続けるための課題

● 体調が悪いけれど原因が見つかりません。でもいくつかの・・・・

ミユキさんは、9月ごろから微熱が続き、仕事を早退したり、便秘と下痢をくりかえすなどの症状が見られるようになりました。母親が付き添い、病院に通院してみましたが、はっきりとした原因はわかりません。精神科的な問題も心配し、幼児期にかかっていた発達障害を専門とする精神科クリニックにも通院しました。そこでは、「ストレス反応の可能性が高そうだね」とのことでした。

母親は、自分の仕事のことを気にしていました。ミユキさんが社会人になり、家のことも任せられるにようになったので、8月から看護師として夜勤業務のある勤務を再開したのです。その結果、週に2日ほど、ミユキさんは一人で夜を過ごし、朝仕事に出かけて行くことになりました。月曜日から金曜日まで、朝の6時半に家を出て、夕方5時に家に帰ってくるミユキさんの生活と、母親の夜勤業務では、ずい分すれ違いがありました。微熱や便秘・下痢をくりかえし始めたのは、ちょうどその頃だったのです。

ストレスの話を母親から聞かされた会社の管理職は、別の原医を考えていました。それは、4月からミユキさんのチームに入っていた新入社員が、8月でやめてしまったことです。かわりの人員をすぐに配置できず、ほかの現場からの応援で仕事を乗り切っているのが、ミユキさんには大変だったのではないかと心配していました。もしかすると、フロアの責任者というのも、ミユキさんにとって負担だったのかもしれません。

継続的な就労支援を行っていた障害者就業・生活支援センター（地域によっては、障害者就労支援センター）の担当者にも、会社から応援要請がありました。障害者就業・生活支援センターでも4月に職員の人事異動があり、採用から2年間ミユキさんを担当していた職員がかわっていました。すでに、何度か顔を合わせて面談も行っていましたが、新しい担当者と何でも話ができる関係には、まだなっていませんでした。

● ストレス軽減の方法を決める

とりあえず、ミユキさんと母親、会社、そして障害者就業・生活支援センターの四者で話し合いが行われました。ミユキさんの健康状態や表情が良かったこともあり、それぞれ少しだけ、ミユキさんのストレス軽減のための方法を決めました。

また、精神科クリニックでは、職場や障害者就業・生活支援センターによる対応策とその結果を待って、服薬を含めた次の方針を検討することになりました。

支援の流れと今後に向けて

話し合いで決めたことは次の3つです。
家庭：週末のうち1日は、夕食にたっぷりと時間をとり、親子でいろいろな話をする（時には外食に出かける）。家に一緒にいるときには、母親はミユキさんの生活に心配がないか、気にかけて聞くようにする。
会社：2週間後をめどに、ミユキさんと相性の良い同性のスタッフを配置する。今後2か月間は、週に1回30分程度の業務ミーティングを開催し、仕事の進行状況やミユキさんの意見を確認する。
障害者就業・生活支援センター：当面担当者は、業務ミーティングのとき、会社に行って参加するようにする。ミユキさんや新しいスタッフの良い相談相手になれるよう、方策を考えて実行する。

その後、ミユキさんの症状はだんだんと回復し、今では元どおり、元気に仕事を続けています。精神科クリニックは、4回の受診でいったん終結となりました。母親は、勤務の変更もなくホッと一安心しましたが、10年後の自分の定年、さらにその後のことが少し心配になり始めました。半年に1回、障害者就業・生活支援センターにミユキさんと一緒に相談に出かけ、さまざまな福祉制度について、将来の生活について学ぶことにしました。

みんなの体験から学ぶ 1

体験からのキーポイント

- 職場と家庭で同時に環境の変化が生まれたのに、周囲の人は「それほど大きな変化ではない」と考えていました。
- 微熱が続く、便秘・下痢をくりかえすなどの身体症状が見られ、会社を休む回数が増えてきました。「どうして？」と思ったら、まず病院へ行きましょう。
- 精神科クリニックの受診では、直接的な治療は行われなかったものの、「ミユキさんの能力を過信しない」ことに、周囲が気づく良いきっかけになりました。

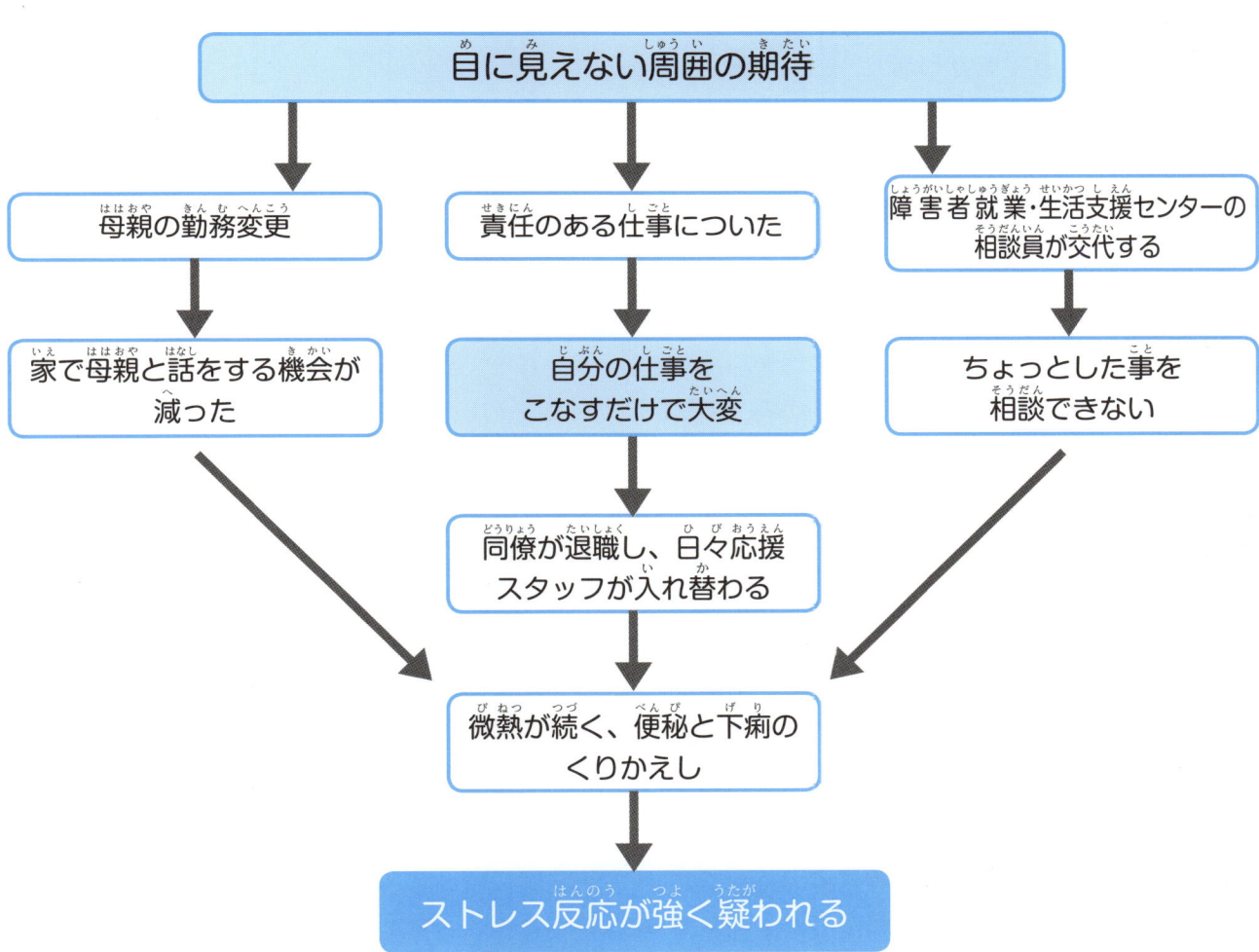

ミユキさん（20歳）の体験の流れ

目に見えない周囲の期待
→ 母親の勤務変更 → 家で母親と話をする機会が減った
→ 責任のある仕事についた → 自分の仕事をこなすだけで大変
→ 障害者就業・生活支援センターの相談員が交代する → ちょっとした事を相談できない
→ 同僚が退職し、日々応援スタッフが入れ替わる
→ 微熱が続く、便秘と下痢のくりかえし
→ ストレス反応が強く疑われる

② ひとりでさみしかった マサキさん（20歳）

■ マサキさん
- 男性　20歳　事務補助の仕事で会社に勤務。
- 現在はひとり暮らし。家族は両親と妹がいる。

■ マサキさんの体験と ひとり暮らし便利帳 から学ぼう
→　8. 健康につながる　食事
→ 28. 携帯電話と　上手につきあう
→ 29. インターネットと　上手につきあう
→ 40. 楽しく遊べ！　大人の暮らし
→ 41. お金をかけずに　上手に楽しむ

■ 人柄と生活スタイル

```
    A | C
    -----
    B | D
```

背　景

● 自分一人で楽しめる趣味がなく、友だちと会う機会も減った

　マサキさんは学校卒業後、会社に就職して事務補助の仕事をしていました。仕事にはまじめに取り組み、入社してから2年も経つと、仕事を任されたり、新しい業務も増えて、ストレスを感じるようになりました。マサキさんには趣味がありませんでしたが、在学中は友だちと話すことが好きでした。しかし、卒業して働くようになってからは、友だちと会う機会がなかなかありませんでした。

● 携帯電話での長電話や、メールで夜遅くまで起きているようになった

　そんなとき、給料を貯めて自分の携帯電話を買いました。最初は、それほど携帯電話を使うことはありませんでしたが、友だちと電話番号やメールアドレスを交換するようになると、携帯電話で連絡をとることが多くなりました。メールでの簡単な連絡だったのが、仕事の愚痴などをやりとりするようになると、だんだん電話で話すようになり、話す時間も長くなっていきました。

　その結果、マサキさんは、それまで夜11時には寝て

いたのに、夜中の2時頃まで電話で話すようなことも増えてきました。自分も仕事の愚痴を聞いてほしかったし、相手が話している途中で電話を切るのも悪いような気がしていました。また、話していると「楽しく」て、電話を切ろうとするととても「さびしい気持ち」になったのです。夜更かしをすると良くないことはわかっていましたが、「今日だけはいいじゃないか。明日から気をつければいい」「ストレスを発散した方が、明日からの仕事にやる気が出る」「友だちが電話を切ろうとしないからだ」など、いろいろな言い訳が浮かんできて、自分は悪くないと思いました。

社会生活を続けるための課題

● 電話料金がとてもかかるので、夕食はカップ麺

携帯電話で友だちと夜遅くまで話をするようになると、電話料金がかなりかかるようになってしまいました。家賃や光熱水費、交通費などの必ず必要な出費を除くと、減らせるお金は食費くらいしかありませんでした。

朝は食欲があまりないので、ご飯を食べませんでした。お昼は会社の食堂で食べ、夜は食費を使わないようにすることと、作るのが簡単なので、カップ麺などで済ませていました。

● 疲れやすくなって、お風呂や歯磨きが面倒になった

夜更かしをして「今までより睡眠時間が少なくなったこと」、また「食事のバランスが悪くなったこと」もあり、マサキさんは今までよりも何だか疲れやすくなったと感じるようになりました。仕事中は、いつも眠気を感じています。家に帰ってくると、体がだるくて何もする気が起きません。お風呂を沸かしてゆっくり入ったり、髪を洗ったりするのも面倒になってきました。晩ご飯を食べたら、携帯電話に手を伸ばし、友だちに電話をします。電話が終わるとお風呂にも入らず、そのまま寝てしまう日も増えてきました。

朝起きて、時間があればシャワーを浴びますが、起きるのが遅くなるとシャワーも浴びないで仕事に出かけることもありました。しばらくすると、会社の人から「ちゃんとお風呂に入っているの？」と声をかけられるようになりました。

● 遅刻が増え、仕事にも集中できない

マサキさんは、自分では健康に自信があったのですが、その頃になると、体がだるく調子が良くありません。ついに朝寝坊をして、会社に遅刻してしまいました。

一度遅刻してしまうと、何となくこれまでがんばってきた気持ちが途切れてしまい、遅刻をくりかえすようになりました。仕事の最中でも眠くなってしまうので、仕事に集中することもできません。

● ついに厳しい注意を受ける

しばらくはやさしく注意してもらっていたのですが、ある日、会社の上司から、遅刻や勤務態度について厳しく注意されました。マサキさんは、厳しく注意されたことですっかり落ち込んでしまいました。それ以降、遅刻して注意されるのがこわくなってしまい、朝寝坊をすると、体調不良を理由に仕事を休むようになってしまいました。

支援の流れと今後に向けて

マサキさんは、ある日、会社の上司から呼ばれました。会議室に入ると、会社の人や卒業した学校の先生、障害者就業・生活支援センターの人が待っていました。会社の人からは、「このままでは会社で働いてもらうことは難しい」と言われました。マサキさんは、こんなに大きな問題になっているとは思っていなかったので、とてもびっくりしました。会社の人だけでなく、学校の先生や障害者就業・生活支援センターの人と一緒に、これからどうしていったら良いかを話し合うことになりました。

体験からのキーポイント

● 余暇活動を充実させるためには、同年代の友だちとのつきあいや、一人でも楽しめる趣味を見つけることが大切です。卒業した学校の先生や、障害者就業・生活支援センター（地域によっては、障害者就労支援センター）の人に相談してみましょう。

- 携帯電話の使用は、物を買う場合と比べ、お金を使っているという意識が低くなります。長電話になりそうなときは、通話を終える時間をあらかじめ決めてから話すなど、自分でルールを決めるようにします。
- 仕事を続けるためには、一定の生活リズム（睡眠時間、起床、そうじ、洗濯、買い物など）で生活することが大切です。また、「がんばればできる」ということばかりではないので、無理をしないで続けられるような工夫をしてみましょう。

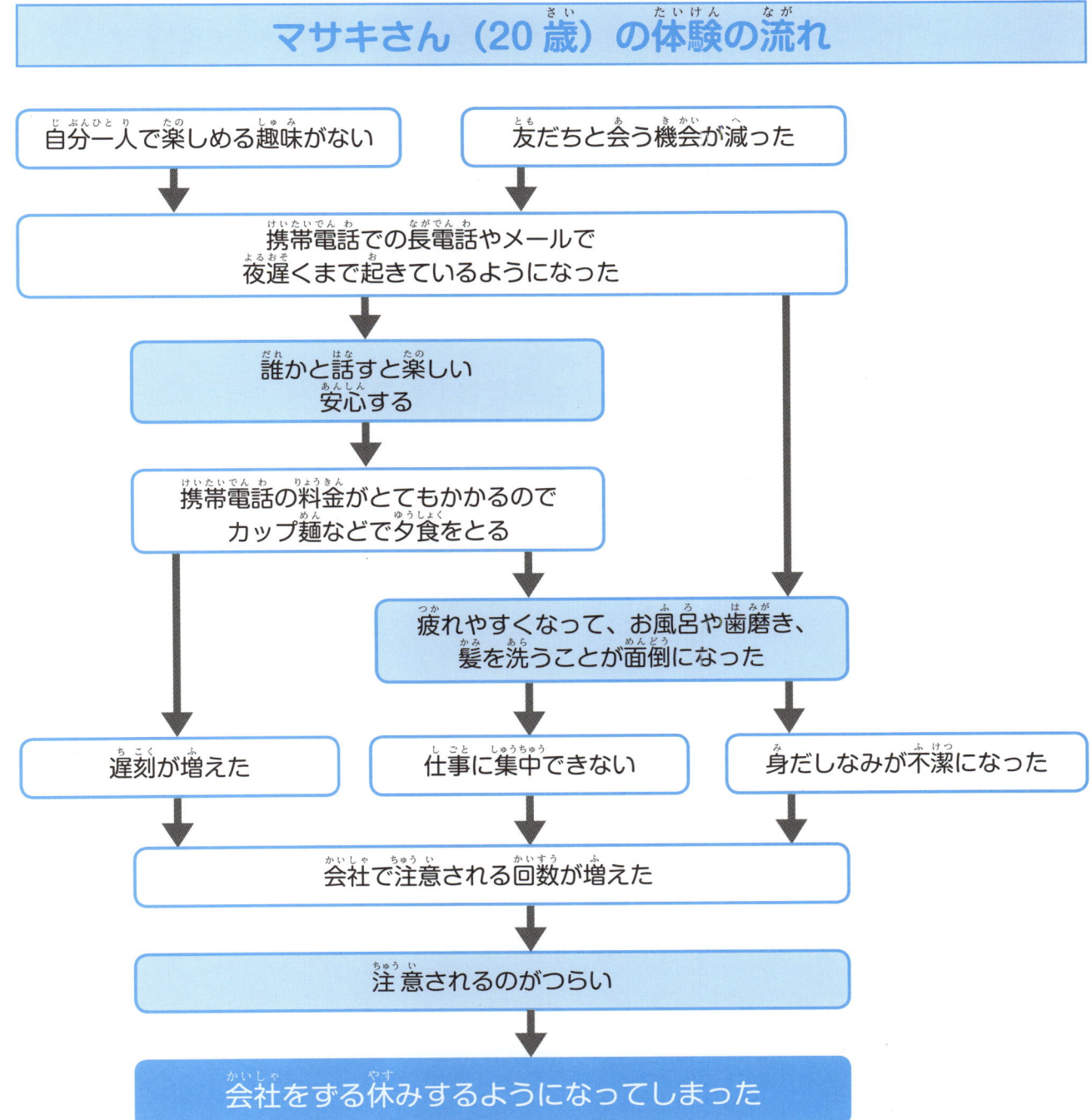

マサキさん（20歳）の体験の流れ

- 自分一人で楽しめる趣味がない
- 友だちと会う機会が減った
- 携帯電話での長電話やメールで夜遅くまで起きているようになった
- 誰かと話すと楽しい　安心する
- 携帯電話の料金がとてもかかるのでカップ麺などで夕食をとる
- 疲れやすくなって、お風呂や歯磨き、髪を洗うことが面倒になった
- 遅刻が増えた
- 仕事に集中できない
- 身だしなみが不潔になった
- 会社で注意される回数が増えた
- 注意されるのがつらい
- 会社をずる休みするようになってしまった

③ 仕事と家庭の両立が負担になったミカコさん（21歳）

■ ミカコさん
- 女性　21歳　スーパーマーケットに勤務。
- 母親と妹の3人暮らし。

■ ミカコさんの体験とひとり暮らし便利帳から学ぼう
→　1．困ったときは　すぐ相談！！
→　18．心だって　かぜをひく
→　36．大切な人との　きずな（絆）
→　41．お金をかけずに　上手に楽しむ

■ 人柄と生活スタイル

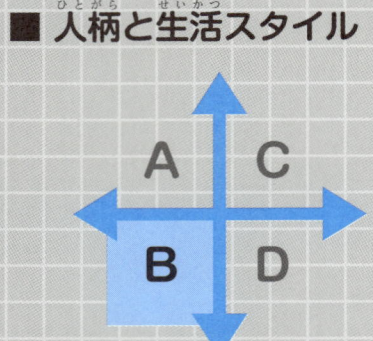

背　景

● 在学中からアルバイトをしていた、しっかり者のミカコさん

　ミカコさんは、特別支援学校在学中から、自宅近くの喫茶店でアルバイトを続けるなど、しっかりした一面をもっていました。もともと責任感が強く、家事の手伝いにも積極的で、妹のお弁当づくりもミカコさんの分担でした。お母さんは、何でもミカコさん本人にやらせ、できるだけ自分の力で生きていけるように厳しく育ててきたようです。「自分で決めたことなら、とことんやってみなさい」と、ミカコさんの背中を押してくれることも多く、ミカコさんは、「お母さんは少しこわくもあり、でも、自分を守ってくれる大切な存在」と考えていました。

社会生活を続けるための課題

● 職場の選択、就職して半年が過ぎて・・・・

　ミカコさんには、ずっとアルバイトをしてきた喫茶店で働き続けたいという思いがありました。学校の進路担当の先生が、店長さんに正社員としての雇用をお願いしてみましたが、そのような形での採用枠はないとのことでした。ハローワークの担当者からも、「アルバイトではなんの保証もないので、ちがうところでの就職を考えたほうがいい」というアドバイスを受けました。

そこでミカコさんは、気持ちを切り替えて大手スーパーでの職場実習を体験し、バックヤードでのお惣菜の調理補助の仕事に就職を決めました。正社員としての雇用で、みんなが納得のいく採用条件でした。スーパーという仕事柄、平日に2日、固定した曜日に休みをとることになりました。ミカコさんが配属されたのは、青果コーナーのバックヤードです。得意な包丁を扱う仕事もあり、一生懸命取り組み、持ち前の明るさもあって、働き始めてすぐに職場にとけこんでいきました。また、難しい作業も熱心に取り組み、仕事の技術は着実に上達していきました。

しかし、就職して半年が過ぎた頃から、ミカコさんの様子が目に見えて変わってきました。疲れている様子で元気がなく、仕事にもミスが目立つようになりました。心配した店長さんから連絡をもらった特別支援学校の進路担当の先生が、元担任と一緒に職場に駆けつけ、ミカコさんから話を聞きました。大きな問題もなく働いてきたように見えたミカコさんでしたが、誰にも言えずに無理をしていたことがわかりました。

● **仕事と家事の両立**

ミカコさんは、高校生の頃から、家では食事の準備や洗濯などの家事全般に取り組んできました。それは就職してからも変わらず、朝早く出かけて夕方遅くに帰ってくるミカコさんにとって、少しずつ負担になっていました。家族には、時間がとれないことを相談して家事の手伝いを減らしてもらったようですが、そんな矢先、お母さんが病気で倒れて1週間入院するという事態になったのです。入院している間は、勤務先にもそれを伝え、病院へ看病に行きました。しかし、退院してもお母さんはすぐに元通りに家事をすることはできず、ミカコさんが家事全般を行うようになりました。お母さんのことが心配で、そばで家事を手伝いたい気持ちと、仕事をきちんとやらなければならないという気持ちの間で、ミカコさんは苦しんでいました。

● **余暇の過ごし方**

ミカコさんは、中学校時代から特別支援学校卒業まで、バスケットボールを続けていました。バスケットボールをしている時間は、気心の知れた友だちと過ごすとても楽しい時間でストレスを解消する貴重な時間にもなっていました。卒業してからもバスケットボールを続けたいと思っていましたが、近所で活動している社会人クラブは、土曜・日曜が活動日で、土日が出

勤のミカコさんには参加が難しいことがわかりました。そこで、平日夜に練習している別のクラブを見つけ、練習に参加することにしたものの、夜間の練習は翌日の勤務への影響が大きく、バスケットボールも仕事もだんだんうまくいかなくなってしまいました。疲れがたまって練習にも参加しにくくなり、休むと次回はさらに行きにくくなり、友だちともすれ違いが増えるなど、精神的にもつらくなってしまったようです。さらに、お母さんが倒れてしまったことで、時間的にも気持ち的にも、まったくゆとりがなくなってしまいました。

支援の流れと今後に向けて

　特別支援学校の進路担当の先生、元担任、障害者就業・生活支援センターの人とミカコさんで緊急のケア会議が行われました。ミカコさんは、もう少し時間にゆとりがあれば、家事をこなせると考えていました。また、お母さんの体調によって家事の量が変わるので、「勤務時間に融通のきく、以前やっていた喫茶店のアルバイトに戻りたい」というのがミカコさんの希望でした。
　「ホームヘルパー等のサービスを利用することが難しいこと」「今の仕事を続けていく以上、時間の制約を受けてしまうこと」「余暇の時間を保障しないと、ミカコさんは気持ちに余裕がもてないこと」などを話し合った結果、ミカコさんは今の職場を退職し、ゆとりのある生活を選択することにしました。幸い、以前アルバイトをしていた喫茶店の店長さんは、事情を聞いて、ミカコさんのアルバイト雇用を引き受けてくれました。

● 仕事と家事の両立

　アルバイトのため、勤務時間はある程度自由に設定することができました。ミカコさんは、午前中を家事にあて、午後を中心に出勤するようにしました。妹のお弁当づくりや洗濯、そうじなどを済ませて一息入れることができ、またお母さんのその日の体調を見てから出勤できるため、気持ちにずい分ゆとりができました。仕事から帰宅する時間は以前より遅くなることが増えましたが、「見たいテレビを録画すればいいだけ」とミカコさんは笑顔で話していました。

● 余暇の過ごし方

　平日夜のバスケットボールが負担になっていたミカコさんですが、これを機に、慣れ親しんだ友だちのいる近所のクラブの練習に参加できるようになりました。毎回参加できるわけではありませんが、家庭の状況や職場のシフト表を見ながら、できる範囲で参加

しています。生活の中にうまく余暇を組みこみ、たとえ短い時間でも、友だちやスタッフと話してリフレッシュできるようになりました。

ミカコさんは離職・転職という道を選択し、しかもアルバイトという不安定な身分で働いています。一般的には必ずしもベストな選択ではないかもしれませんが、ミカコさんにとってはより良い選択であり、時間や気持ちにゆとりをもつことができたという大きなメリットを得ることができました。

体験からのキーポイント

- 高校生の生活から働く生活に変わると、仕事でストレスがたまったり、自由に使える時間が大きく変わります。働く生活に合わせて趣味などの時間を調整する必要があります。
- 無理が続くと、疲れだけでなく仕事のミスも増えてきます。
- 体や気持ちの上で安定した生活を送るためには、離職や転職の選択肢もあります。
- 苦しくなったり、困ったときに相談できる人がいることは、大切なことです。

ミカコさん（21歳）の体験の流れ

正社員としてスーパーに就職
職場にもとけこみ、仕事も上達してきた

↓

半年経って、高校時代から手伝ってきた家事が負担になってきた
仕事は、朝も早いし帰りも遅い

↓　　　　　　　　　　　↓

お母さんが病気で1週間入院　　　趣味のバスケットボールでは、土日の練習に参加できない
退院後も本調子ではない　　　　　平日夜の練習は、翌日の仕事が大変

↓

時間的にも、気持ち的にも
ゆとりがなくなって苦しい

↓

疲れた様子で元気がなく、仕事のミスも目立つようになった
職場のみんなや店長さんも心配

4 友だちとお金のトラブルになった カズオさん（22歳）

■ カズオさん
・男性　22歳　洋服販売店に勤務。
・両親と弟の4人暮らし。

■ カズオさんの体験と ひとり暮らし便利帳 から学ぼう
→ 23．見えないお金に　気をつけよう
→ 26．預金口座・通帳・カード　上手に使おう
→ 27．気をつけよう　お金のトラブル

■ 人柄と生活スタイル

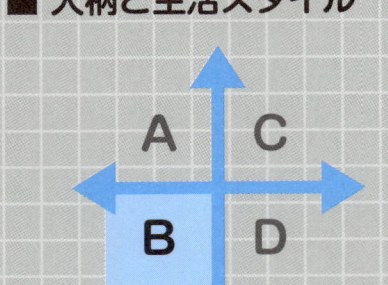

背　景

● 人づきあいがあまり上手でないカズオさん

　カズオさんはおとなしい性格で、友だちづきあいがあまり上手ではありません。特別支援学校在学中も友だちはいましたが、みんなで遊びに行くようなことはあまりなく、お小づかいで本を買ったり、一人でゲームセンターに行ったりしていました。また、家の手伝いをすることもほとんどありませんでした。卒業後は就職をめざしていましたが、生活経験や社会経験の不足をもう少し補ってからの方が良いという学校と家族のアドバイスを聞いて、就労移行支援事業に取り組んでいる施設に2年間通うことになりました。

　その後、無事に洋服の販売店に就職が決まり、カズオさんは張り切って働き始めました。職場での勤務態度はまじめで、周囲から安心して見られていたようです。しかし、人づきあいがあまり上手ではないので、仕事以外の会話はあまりなく、同僚とアフターファイブ（仕事が終わった後）のつきあいは、ほとんどありませんでした。仕事が終わると、帰宅途中に本屋に立ち寄ったり、短い時間ゲームセンターをのぞいたりすることが、カズオさんの楽しみでした。

社会生活を続けるための課題

● 給料日の帰宅が遅くなる

　カズオさんは、洋服販売店での仕事に順調に取り組んでいました。しかし、働き始めて3か月を過ぎた給料日、カズオさんの帰宅が深夜0時近くになり、心配したお母さんが本人に確認したところ、

「残業があった」という答えでした。「給料日なので、気持ちが大きくなって寄り道がいつもより長くなったのでは」というふうに家では考え、カズオさんには、「翌日の仕事に影響が出ないように、あまり遅くまで遊ばないように」と注意しました。それでも、翌月、さらに翌々月と、給料日には必ず帰宅が深夜になり、家では心配する反面、「社会人になったのだから、それくらいは仕方ない」と考えていました。

ところが、次の給料日、とうとうカズオさんは朝になっても帰ってきませんでした。さすがに心配した両親が、カズオさんの携帯電話に連絡をしてもつながらず、結局その日は仕事を欠勤してしまいました。お昼頃、カズオさんは疲れ切った顔で帰ってきました。連絡を受けて駆けつけた就労移行支援事業で通った施設の人が、本人からていねいに話を聞くと、毎月給料日になると、特別支援学校時代の友だちが勤務先の店の外で待っていて、カズオさんを連れまわし、カズオさんのお金で遊んでいたということでした。カズオさんの銀行口座を確認すると、お金は1円も残っていませんでした。

● 友だちとの関係

人づきあいのあまり得意でないカズオさんですが、「友だちが欲しい」「一緒に遊びに行きたい」という気持ちは強くもっていました。その年の5月に特別支援学校の同窓会があり、久しぶりに会った友だちに、自分が就職したことなどを珍しく積極的に話したそうです。さらにこのとき、給料の金額や給料日、またそれを自分で管理していて、自由に使えることなどもしゃべってしまったそうです。

この話を聞いた何人かの友だちが、カズオさんの給料日になると店の前で待っていて、遊びに誘うようになりました。カズオさんも友だちが自分を誘ってくれることがうれしくて、みんなでゲームセンターなどに行き、すべてのお金をカズオさんが払って、ちょっとした優越感を感じていたようです。

● 給料とお金の管理

カズオさんは毎月の給料を自分で管理していました。両親は、それまでカズオさんが毎月のお小づかいを上手にやりくりしていたこともあり、「社会人なのだから、自分で管理するように」と伝えていました。以前からお金を貯めていた銀行口座があり、給料も全額そこへ振り込まれていました。通帳も印鑑も、キャッシュカードもカズオさんが管理していて、キャッシュ

カードは常に持ち歩いていました。友だちにそのことをつい話してしまったために、給料日になると、カズオさんのお金を目当てに友だちが集まるようになったのです。一晩帰らなかった日は、キャッシュカードを見せてほしいと友だちに言われ、そのとおりにしたところ、なかなか返してもらえず、ずっとつきあっていたとのことでした。しかも、カズオさんは、カードの暗証番号まで口にしたため、友だちがそのカードを使ってどんどんお金を下ろしてしまいました。

支援の流れと今後に向けて

施設の人は、カズオさんから話を聞いた後、両親にも入ってもらい面談を行いました。金額が大きく、特にカズオさんの両親にとっては被害にあったという意識が強かったため、警察に被害届を出すことになりました。その後、特別支援学校の進路担当の先生、福祉のケースワーカーにも集まってもらい、緊急のケア会議を行い、今後の対応を話し合いました。

● 友だちとの関係

今回の事件で、カズオさんが本当は友だちを欲しがっていたということがわかりました。特別支援学校在学中には、ほとんど周囲とのトラブルがなかったカズオさんですが、社会での人とのつきあい方のルールについて、勉強しておく必要があったのです。「職場には友だちを呼ばないこと」「友だちであっても、お金の貸し借りはしないこと」「気が進まないときには断ること」「断りにくいときには、誰かに相談すること」などを、1つ1つ確認していきました。

● 給料とお金の管理

お金の管理については、家族と一緒に確認していくことになりました。「社会人だから自分で管理する」ということは決して悪いことではありませんが、そのためには、自分で管理しやすいような、また安全に管理できるような工夫をしなければなりません。まず、今まですべてのお金を1つの口座に入れていたものを、2つに分けることにしました。1つは貯金のようにふだんは使わないで貯めておくための口座、もう1つはお小づかいとして使っ

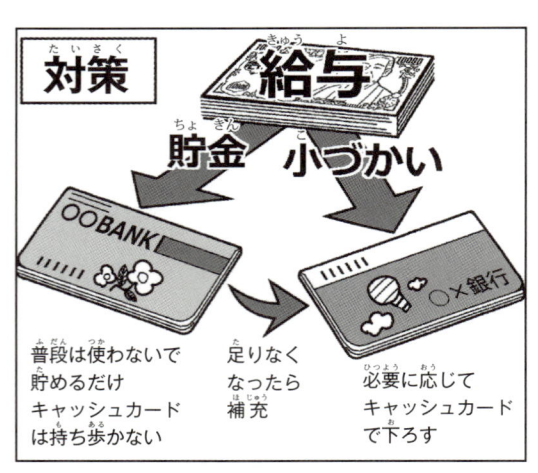

ていくための口座です。あらかじめ、お小づかい用の口座にある程度のお金を入れておき、少なくなってきたらもう1つの口座から、必要な分だけお金を移すことにしました。そして、「貯金用の口座のキャッシュカードは持ち歩かないこと」「キャッシュカードは人に貸さないこと」「暗証番号は人に教えないこと」などを確認していきました。

警察に被害届は出したものの、カズオさんが友だちと使ってしまったお金は返ってきませんでした。

一緒に遊んで使ってしまったこともあり、友だちだけが悪いのではなく、カズオさん自身にも反省すべき点が多いということも、家族と一緒にケア会議で確認しました。その後、幸いなことに友だちは職場に顔を出さなくなり、連絡もありません。お金の管理や友だちづきあいは、職場では見えにくいところもあるので、家族が日常的に気配りをして、特別支援学校の進路担当の先生や施設の人が、その後の状況確認と余暇活動について定期的にカズオさんと話し合うようになりました。

反省
お金の貸し借りはしない！
キャッシュカードは見せない！
暗証番号も教えない！

体験からのキーポイント

- お金（給料）は、両親や家族などの信頼できる人と相談して、管理方法を決めることが大切です。
- 預金通帳や印鑑などは持ち歩かないこと。
- 暗証番号などの個人情報は、絶対に人に教えないこと。
- 友だちや同僚でも、「おかしい」と思うことがあったら、しっかり断ることが大切です。
- 充実して働くためにも、安心して楽しめる余暇の過ごし方を探しましょう。

カズオさん（22歳）の体験の流れ

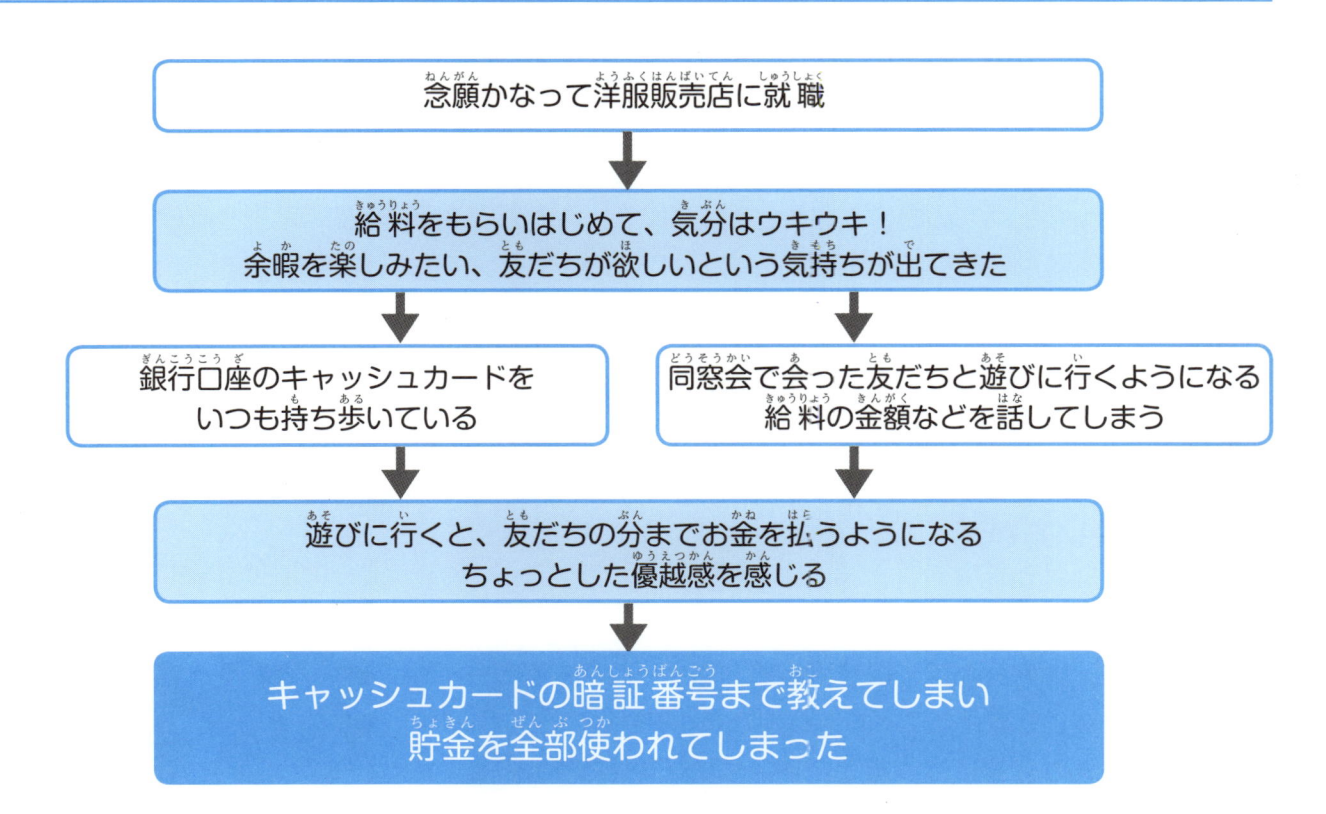

念願かなって洋服販売店に就職

↓

給料をもらいはじめて、気分はウキウキ！
余暇を楽しみたい、友だちが欲しいという気持ちが出てきた

↓ ↓

銀行口座のキャッシュカードをいつも持ち歩いている

同窓会で会った友だちと遊びに行くようになる
給料の金額などを話してしまう

↓

遊びに行くと、友だちの分までお金を払うようになる
ちょっとした優越感を感じる

↓

キャッシュカードの暗証番号まで教えてしまい
貯金を全部使われてしまった

5 職場の変化、住む場所の変化で悩んだマサヒロさん（24歳）

■ マサヒロさん
- 男性　24歳　ラーメン屋に勤務。
- 施設で育ち、現在はグループホームに居住。

■ マサヒロさんの体験とひとり暮らし便利帳から学ぼう
→　1．困ったときは　すぐ相談！！
→　21．1か月　いくらかかるか生活費
→　22．小づかい帳を　つけてみよう
→　27．気をつけよう　お金のトラブル
→　36．大切な人との　きずな（絆）

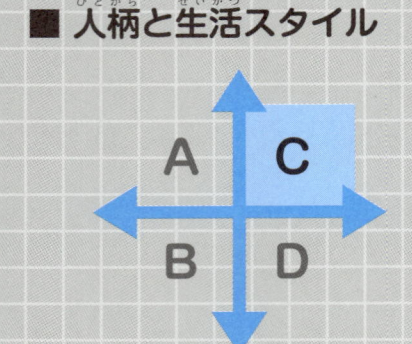

■ 人柄と生活スタイル

```
       A | C
    ─────┼─────
       B | D
```

背景

● 就職を機に、施設からグループホームへ転居

　家庭の事情により、マサヒロさんは施設で育ちました。学校を卒業したら、早く施設を出て、ひとり暮らしをしたいという夢をずっともっていました。特別支援学校卒業後、マサヒロさんはラーメンを作るお店に就職しました。就職してからしばらくは、店の人との関係も良好でした。仕事も経験を積むにつれて上手になり、とても手際よくできるようになりました。やがて仕事にも慣れ、マサヒロさんは、自立した生活をめざして必要な力を身につけるために、通勤寮での助言や訓練を受け始めました。そして訓練が終わり、マサヒロさんは通勤寮からグループホームに転居しました。

社会生活を続けるための課題

● 仕事をやめたくなった、お金の使い方が荒くなった

　仕事に就いてから5年が過ぎた頃、お店の店長が木村さんに代わりました。木村さんは、以前研修で、マサヒロさんがラーメンの作り方などを教えたこともある人です。マサヒロさんは、後輩の木村さんが店長になったことを、なかなか理解すること

新店長＝後輩

ができませんでした。毎日木村さんの下で仕事をするのが苦痛になり、そのうち仕事をやめたいと思うようになりました。

また、長年暮らしていた施設を出たことで、マサヒロさんは同年代の友だちと会う機会が減り、仕事のない日は一人でゲームをする時間が増えていました。また、職場の同僚にすすめられて始めたたばこやゲームにたくさんお金を使うようになり、グループホームではお金の貸し借りなどのトラブルを起こしていました。

● **職場での悩みを話せる人に相談**

マサヒロさんは、特別支援学校高等部のときに出会った元担任の山下先生に、何かあるといつも相談していました。卒業後も、困ったことがあると、先生に電話で連絡をとっていました。
ある日、マサヒロさんは山下先生に、「仕事をやめたい」と電話で話しました。話を聞いた先生は、あらためてマサヒロさんと会って話をすることを約束し、進路担当の先生にすぐ相談しました。

● **グループホームでの生活の課題**

グループホームの世話人の人は、お金の使い方などについて、マサヒロさんに生活の改善を促したいと思っていました。マサヒロさんに対して何度も注意していましたが、なかなかうまく伝えることができず、良好な関係を作ることに悩んでいました。そこで、仕事のトラブルがあったときに知り合った山下先生に、マサヒロさんのお金のトラブルについて相談したいと思っていました。

支援の流れと今後に向けて

山下先生は、マサヒロさんの休みの日に時間をとり、ていねいに話を聞きました。マサヒロさんは、後輩が新店長になったことにショックを受けたことだけでなく、グループホームでの生活のことや最近のお金のトラブルのこと、学校時代の友だちとほとんど会えていないことについても話しました。先生は、マサヒロさんが悩んでいたいろいろな問題に対して、「進路担当の先生と相談して、良い方法を一緒に考えよう。もう少し仕事をやめないでがんばりなさい」と言ってくれました。
山下先生はすぐに進路担当の先生にそのことを話し、2人で協力しながら、グループホームの世話

人の人や会社の担当者、就職のときにお世話になったハローワークの担当者にマサヒロさんのことを相談しました。すると、みんながマサヒロさんのことを心配したり、気にしていたことがわかりました。そこで、マサヒロさんの希望を聞き、支援者全員がマサヒロさんの気持ちや現在の状況を理解するためのケア会議を開くことになりました。

ケア会議を何回か開いた結果、お金のトラブルなどいくつかの問題は少しずつ改善されました。現在、マサヒロさんはいろいろな悩みを抱えながらも、なんとか前向きにラーメン屋の仕事を続けています。

マサヒロさんの話によると、グループホームへ入居するとき、最初に世話人の人からお金の管理や生活面のことをいろいろと注意されたそうです。このことをきっかけに、マサヒロさんは「世話人の人と話すと、いろいろ注意されてうるさいなぁ」と思うようになり、いつも避けていたことがわかりました。こうしたマサヒロさんの誤解をとくとともに、山下先生は世話人の人に、マサヒロさんは「言葉だけでは内容を理解しにくい場合があること」「紙に書いて説明した方が理解しやすいこと」なども伝えました。その結果、少しずつですが、以前よりも関係が改善されてきました。そして、マサヒロさんの生活上のトラブルも徐々に少なくなりました。

体験からのキーポイント

- 通勤寮やグループホームへの転居など、新しい環境に慣れることは誰でも大変なことです。困ったことや心配なことは、一人で抱えこまないで、卒業した学校の先生や前に生活していた施設の人など、信頼できる人に相談しましょう。
- 信頼できる人に相談すれば、話を聞いてくれるだけでなく、あなたが困っていることや心配していることの解決のために、必要な人が集まって協力してくれます。
- 社会生活では、予想できないようなトラブルが起きることもあります。そのため、障害者就業・生活支援センターへの登録や、卒業した学校の先生といつでも連絡をとれるように、電話番号を携帯電話に登録しておきましょう。
- 就職した後も、「働きがい」や「自分の目標」などを、信頼できる人たちと話し合うことは大切なことです。
- 「青年学級」などの地域の活動の情報を集めて、定期的に参加すれば、同年代の人たちとのかかわりも継続できます。

みんなの体験から学ぶ 5

マサヒロさん（24歳）の体験の流れ

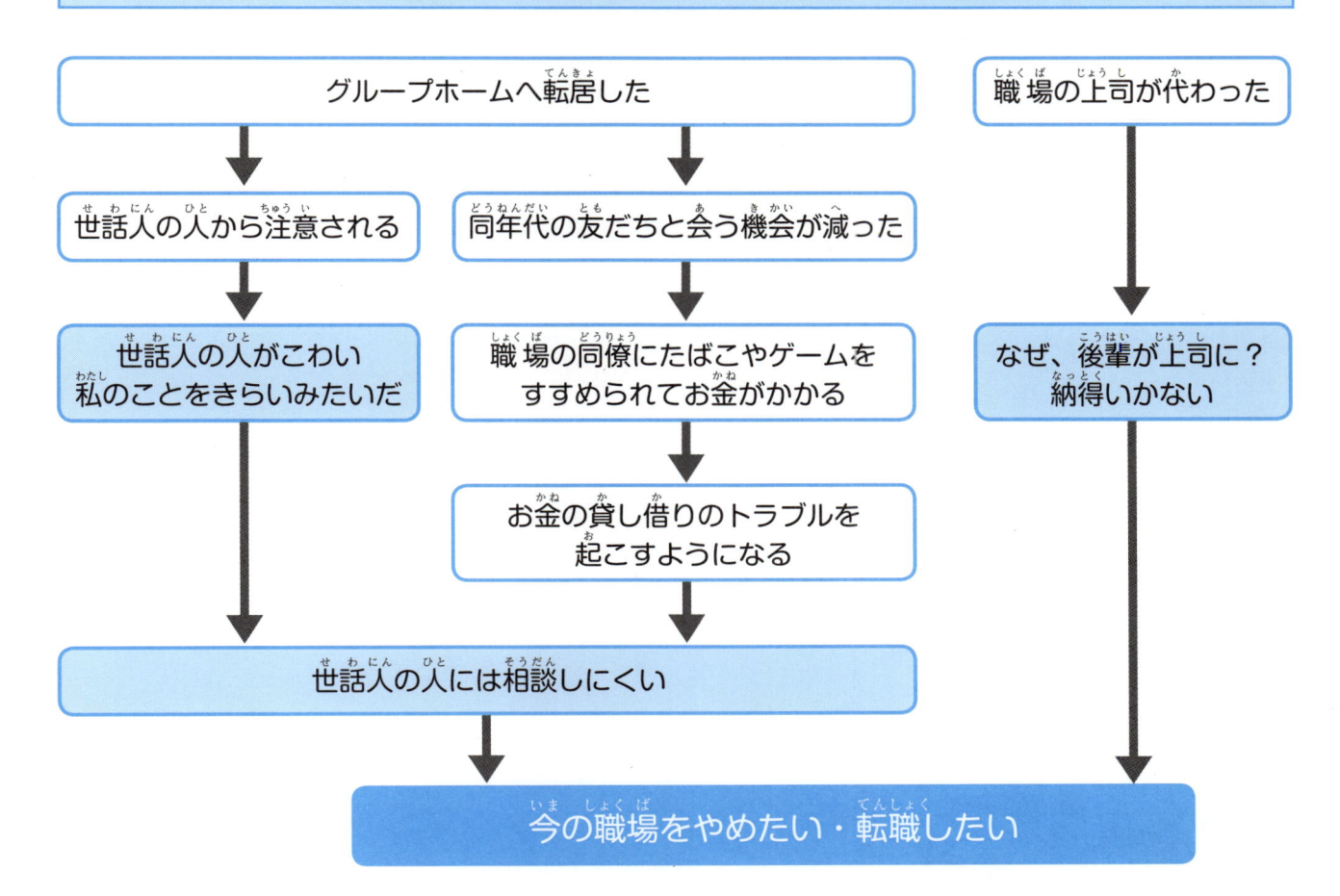

```
グループホームへ転居した                          職場の上司が代わった
    ↓                ↓                              ↓
世話人の人から      同年代の友だちと                なぜ、後輩が上司に？
注意される         会う機会が減った                 納得いかない
    ↓                ↓
世話人の人がこわい   職場の同僚にたばこやゲームを
私のことをきらい     すすめられてお金がかかる
みたいだ             ↓
                    お金の貸し借りのトラブルを
                    起こすようになる
    ↓                ↓
         世話人の人には相談しにくい
                    ↓                              ↓
              今の職場をやめたい・転職したい
```

6 お金に羽根が生えたように減ってしまうアヤカさん（26歳）

■ アヤカさん
- 女性　26歳　ファミリーレストランに勤務。
- 父親（58歳）、母親（54歳）、弟（23歳）の4人暮らし。

■ アヤカさんの体験と ひとり暮らし便利帳 から学ぼう
→　　1．困ったときは　すぐ相談！！
→ 19～24．お金についてのお役立ち情報
→ 40・41．楽しく過ごしてストレスを解消するヒント

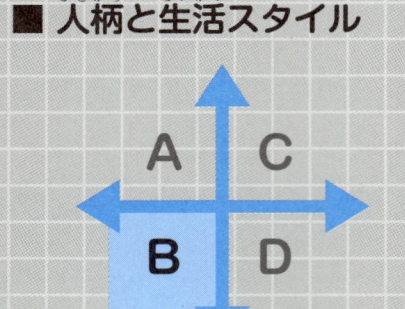

■ 人柄と生活スタイル

```
       A │ C
      ───┼───
       B │ D
```

背　景

● お金に羽根が生えたように減っていく・・・・

アヤカさんは、ファミリーレストランで元気に働く26歳の女性です。仕事が終わると、お店をのぞいて見たりするのが、何よりのストレス解消法です。でも、高いものはあまり買ってはいけないと思い、行きつけはもっぱら100円ショップです。でもなんだか、お金に羽根が生えたように減ってしまいます。昨日も、お母さんに「使いすぎ！」と言われ、とてもいやな気分！　でも、確かに欲しいバッグも買えないし、「ちょっと高いものを買おうとするとお金がない！」という感じがします。

　お母さんに、「使いすぎ！」と言われて、いやな気分のアヤカさん。仕事の帰りに、障害者就業・生活支援センターに立ち寄り、よく職場の人間関係のことで相談にのってもらっている山口さんに、そのことをグチってみました。山口さんは、アヤカさんの山ほどあるグチをよ～く聞いてくれました。「お母さんにいろいろ言われるのはいやだよね」と、アヤカさんの気持ちもわかってくれました。さらに山口さんは、「お母さんにうるさく言われないためにも、お金を上手に使えるようになるための作戦会議を開きませんか？」と提案してくれました。アヤカさんは、うまくいくか不安もありましたが、「お母さんにうるさく言われたくないし・・・」と思い、作戦会議をすることにしました。名付けて「レッド作戦会議」。アヤカさんのお財布が赤い（レッド）ことから、アヤカさんが名付けました。

みんなの体験から学ぶ 6

「レッド作戦会議」始まる！

● 何に、いくら使っているのか

山　口 「100均で、月にどれくらい使う？」
アヤカ 「う〜ん、どれくらいだろ？」
山　口 「小づかい帳はつけていますか？」
アヤカ 「高校時代まではつけていたけど‥‥。就職して、お小づかいもぐっと増えたから大丈夫だと思って‥‥」
山　口 「だけど、大丈夫じゃなかったわけですね。小づかい帳！　つけてみますか」
アヤカ 「計算とかめんどうだし、合わないと怒られるし‥‥」
山　口 「だったら、計算しなくていい！　合わなくてもOK！　でいきましょう！」
アヤカ 「え〜、いいの？」
山　口 「そう！　いいのです！　小づかい帳のノートは100均でも売っていますね。それでOKです。買ったものと、使ったお金だけ忘れずに書けばいいです」
アヤカ 「レシートをもらえば書ける。お茶は忘れちゃう」
山　口 「自販機ですね。少しくらい合わなくてもOK。だから大丈夫！　でも買ったらすぐに書くようにして、なるべく忘れないようにしてみてください」
アヤカ 「日付の順番は、ちがってもいいの？」
山　口 「すごい！　とてもいい質問です！　日付の順番がちがってもOK！　大切なのは、何にいくら使ったかを、アヤカさん自身がまず知ることですから」
アヤカ 「何にいくら‥‥。100均で買ったものも全部書くの？」
山　口 「なるほど！　レシートでは『5点525円』とかになるわけですね。『100均（ノートなど）』って感じで、代表選手1名の名前だけ書いておけばいいですよ！」
　　　　「では、がんばって『レッド作戦』を実行してください！」

● 記入した小づかい帳をチェック

　それからアヤカさんは、がんばって小づかい帳に買ったものを書くようにしました。そうして1か月が経ち、アヤカさんは小づかい帳を持って障害者就業・生活支援センターへ。

山　口 「きっちり、細かくつけましたね。よくがんばった！　100均の買い物が課題でしたね。では、100均で買ったもののところだけ、黄色い蛍光マーカーでぬってみてください」
アヤカ 「100均で買ったものは、これとこれと‥‥。結構あるなあ‥‥。はいできました」
山　口 「今度は、マーカーでぬったところを、電卓で足していきます。すると、1か月に100均で、全部でいくら使ったかわかりますよね。ここで問題です。全部でいくらくらいだと思いますか？」
アヤカ 「え〜、いくらだろ？　わかんない？　3,000円とか？」
山　口 「答えは計算の後で！　ところで、電卓が苦手だったら山口がやりましょうか？」

アヤカ 「自分でやってみる」

山口 「では、マーカーでぬったところを読み上げるので、アヤカさんは電卓で足していってください。じゃあいきますよ。525円。次は315円・・・・630円・・・・。以上です！ 全部でいくらになりましたか？」

アヤカ 「え～と、10,710円。1万円超えてる！」

山口 「そうですね。100均で、いくつ買ったと思います？10,710円を105円で割ると・・・」（電卓には「102」）

アヤカ 「うへ～!! 102個も買ったんだ！」

山口 「そういうことですね」

アヤカ （考えこむ）「少し、減らすようにする」

山口 「そうしますか。ところで、バッグも買いたいって言ってましたよね。100均減らせば・・・・」

アヤカ 「買えるかなあ？」

山口 「バッグも買えるように、次の作戦を立てましょう！」

第2回「レッド作戦会議」

● お小づかいの目標を決める

第2回「レッド作戦会議」では、次のことを決めました。
① これまで、あまりはっきりしていなかった、1か月のお小づかいを15,000円に決めました。
② それとは別に5,000円の「おたのしみ項目」を始めることにしました（これは、お小づかいとは別に、バッグや洋服など、まとまった買い物に使うお金です）。

この5,000円は、お札で別に取っておき、「おたのしみ項目」の買い物をする日に持っていくことにしました。買い物をする日は、1か月がんばった自分への「ごほうび」として、月の最後の日曜日に決めました。

● アヤカさん バッグを買う！

それからというもの、アヤカさんは、「今月は、『おたのしみ項目』で何を買おうかな？」と考えたり、「バッグ」と決めてからは、「どのバッグにしようかな？」と、仕事の帰りにお店を見て回ったりしました。こうして、アヤカさんは、月末の日曜日に3,000円のバッグを買いました。来月は残りの2,000円と5,000円を合わせて、7,000円の「おたのしみ項目」があるので楽しみです。

その後、最後の日曜日までがまんできなくて、早く買ってしまった月もありました。小づかい帳で

みんなの体験から学ぶ 6

確かめてみると、「おたのしみ項目」の買い物をしてしまうと、その後「夢」がなくなって、100均の買い物が多くなることもわかりました。そうしたことから、最後の日曜日まで「おたのしみ項目」のお金は、お母さんに預かってもらうことにしました。

こうして、今月は何を買おうかな？　と考えてお店を見ているうちに、100均での買い物が減り、「おたのしみ項目」を始めてからは、使うお金が減ってきました。ただし、アヤカさんが困ってしまうことがあります。それは、「バーゲンセール」。今買えば安いのに、最後の日曜日まではバーゲンセールがやってない！

山口さんは、「100均の買い物は減ってきているし、『どうしても』というものがあったら、最後の日曜日にこだわらなくてもいいと思いますよ」と言ってくれました。「でも、『おたのしみ項目』で買うものは、1か月に1個にしましょうね」ともつけ加えました。

> 買ってもいいよ
> でも月に1個にしよう！

体験からのキーポイント

● お金の管理は大変です。まずは実際の収入と、お金の使い道を知ることから始めましょう。
● お小づかいの使い道に目標を立てることが重要です。「毎月必ず使うもの」と「今月買いたいもの」に分ける方法もあります。
● 困ったり、うまくいかないときに、相談できる人や場所があると安心できます。

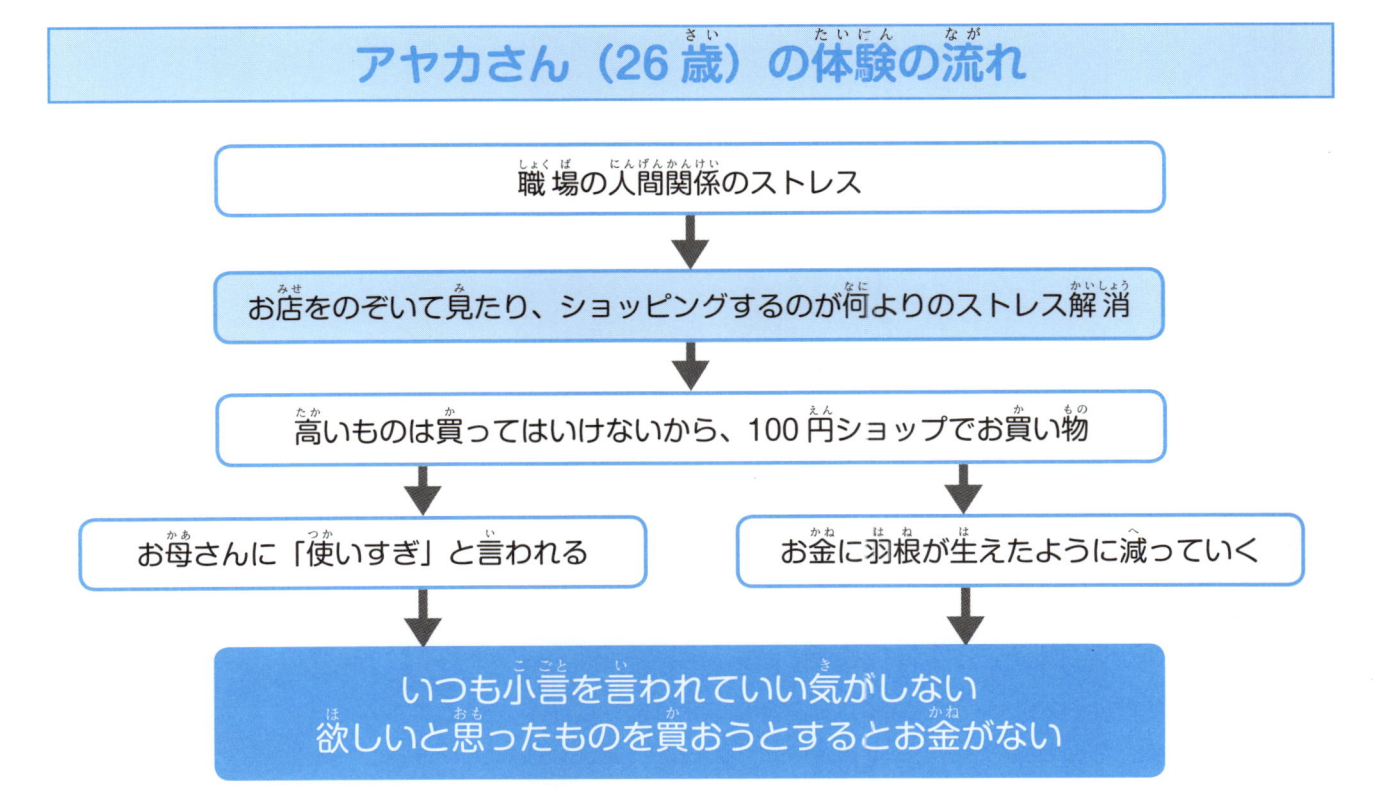

アヤカさん（26歳）の体験の流れ

職場の人間関係のストレス
↓
お店をのぞいて見たり、ショッピングするのが何よりのストレス解消
↓
高いものは買ってはいけないから、100円ショップでお買い物
↓
- お母さんに「使いすぎ」と言われる
- お金に羽根が生えたように減っていく
↓
いつも小言を言われていい気がしない
欲しいと思ったものを買おうとするとお金がない

7 突然のひとり暮らしを体験したコウヘイさん（32歳）

■ **コウヘイさん**
- 男性　32歳　倉庫会社に15年間勤務。
- 母親（65歳）と2人暮らし。父親は2年前に死亡。姉（37歳）と弟（29歳）は、すでに家を出て別の場所で暮らしている。

■ **コウヘイさんの体験とひとり暮らし便利帳から学ぼう**
　⇒ 便利帳のすべてのページが、役に立ちます

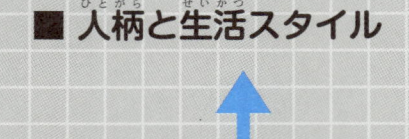

■ **人柄と生活スタイル**

```
      ↑
   A  |  C
 ←————+————→
   B  |  D
      ↓
```

背　景

● **コウヘイさんのこれまで**

　3人きょうだいの真ん中に生まれたコウヘイさん。身のまわりのことは一応できますが、これまで家のことはお母さんがやってくれていたため、調理や食材・日用品・衣類などの買い物は苦手です。衣替えなどもお母さんがやってくれています。コウヘイさんの分担は、自室のそうじとお風呂そうじです。

　コウヘイさんは、特別支援学校高等部を卒業してからずっと、倉庫会社に勤めています。15年近く無遅刻・無欠勤で、もくもくと仕事をこなすタイプです。小さいときからおとなしい性格で、友だちづきあいよりも、お母さんと過ごすことが多かったそうです。趣味は、お母さんの影響で、洋楽（外国の音楽）のCDを聞くことです。「勉強」とコウヘイさんが呼んでいる漢字のドリルをするのも好きで、お母さんと買い物に行ったときに本屋さんで買ってきます。お父さんが元気だった頃は、休日にお父さんとランニングをしていましたが、お父さんが倒れてからは、それもなくなり、運動が不足気味となっています。

　年1回の特別支援学校の同窓会と、中学校の特別支援学級の元担任が年1回開いているクラス会には参加しています。学校を卒業してからこれまで、特に大きな問題にぶつかることもなく過ごしてきたコウヘイさんなので、福祉事務所や障害者就業・生活支援センターなどとのつながりは、ほとんどもっていませんでした。

社会生活を続けるための課題

● 突然のひとり暮らし

そんな穏やかな暮らしをしていたコウヘイさんの母方のおばあちゃん（お母さんのお母さん）が病気になり、お母さんは、急いで駆けつけることになりました。お母さんが、おばあちゃんのところへ行ってしまったら‥‥。コウヘイさんは、どんなことで困ることになるでしょう。

▼朝、遅刻するかもしれない！　⇒いつも目覚まし時計を止めてしまい、お母さんに起こしてもらう毎日だからです。

▼朝ごはんはどうしよう！　⇒いつもお母さんが用意してくれていました。

▼洋服　⇒朝、「今日はひんやりするから、長袖のポロシャツがいいかな‥‥」と思っても、どこにしまってあるのかわかりません。衣替えは、いつもお母さんにしてもらっていました。

▼洗濯　⇒4〜5日すると着る服に困るでしょう。洗濯しなければ‥‥と思っても、洗濯機の使い方がよくわかりません。ボタンがやたら多くてわかりにくいし、お母さんから使い方をよく聞いていませんでした。

▼晩ご飯はどうしよう！　⇒いつもお母さんが用意してくれていました。

▼土日、きっとつまらない！　⇒お母さんと一緒に過ごすことが多かったから。

▼お金　⇒お金の管理はどうすればいいの？　いつもお小づかいを、お母さんからもらっていました。

▼シャンプー、トイレットペーパーがなくなったら！　⇒自分で買ったことがないので、どこで売っているのかわかりません。いつもお母さんが買っていました。

● お姉さんが来てくれて良かったけれど

これまで、家のことはお母さんに頼りきっていたコウヘイさん。一人で暮らしていくのは難しいなあ‥‥。ということで、お姉さんが応援に来てくれました。といっても、お姉さんにも家庭があって、子どももいるので、コウヘイさんの応援ばかりはできません。

支援の流れと今後に向けて

そうです！ 今後のためにも、コウヘイさんは、次のような体験を積んでいく必要がありそうです。あなたも、チャレンジをしてみてはいかがですか？

① 目覚ましで、自分で起きる。
② 調理パン、レトルト食品、冷凍食品、おそう菜、弁当などをうまく活用して、なんとか朝夕の食事を工夫する。
③ シャンプー、トイレットペーパー、洗剤などを自分で買う。
④ 洗濯機で洗う ⇒干す ⇒とりこむ ⇒たたむ ⇒しまうを自分で行う。洗濯機で洗えないものは、クリーニングに出す。
⑤ 寒くなったら、長袖のものや、上着を出せるように自分で衣替えをする。
⑥ ごみの分別をして、決められた日にごみを出せるようにする。
⑦ お風呂そうじ、お湯入れ、ガスを止めるなど、お風呂の準備を自分でする。
⑧ ほこりをふいたり、そうじ機をかけたり、簡単なそうじができるようにする。
⑨ 休みの日、自分なりに楽しめる趣味や好きなことをさがす。
⑩ 日頃の暮らしに必要なお金の管理を自分でする。
⑪ 体の調子が悪いときは病院に行く。会社を休むときは自分で連絡する。
⑫ 困ったときは、信頼できる人に相談する。

体験からのキーポイント

● 家族と暮らしている人は、「家族が急に家を空けることになったときは、どうしたらいいのか」ということについて、日頃から家族と話し合っておきましょう。
● 話し合って決めたことを、「緊急事態生活ガイド」として書いておくと、いざというときに便利です。連絡したり、相談する人の連絡先も一緒に書いておくと良いでしょう。
● 家族が急に家を空けることになっても、なんとか乗りきれるように、上の①〜⑫について、日頃から練習しておきましょう。

みんなの体験から学ぶ 7

コウヘイさん（32歳）の体験の流れ

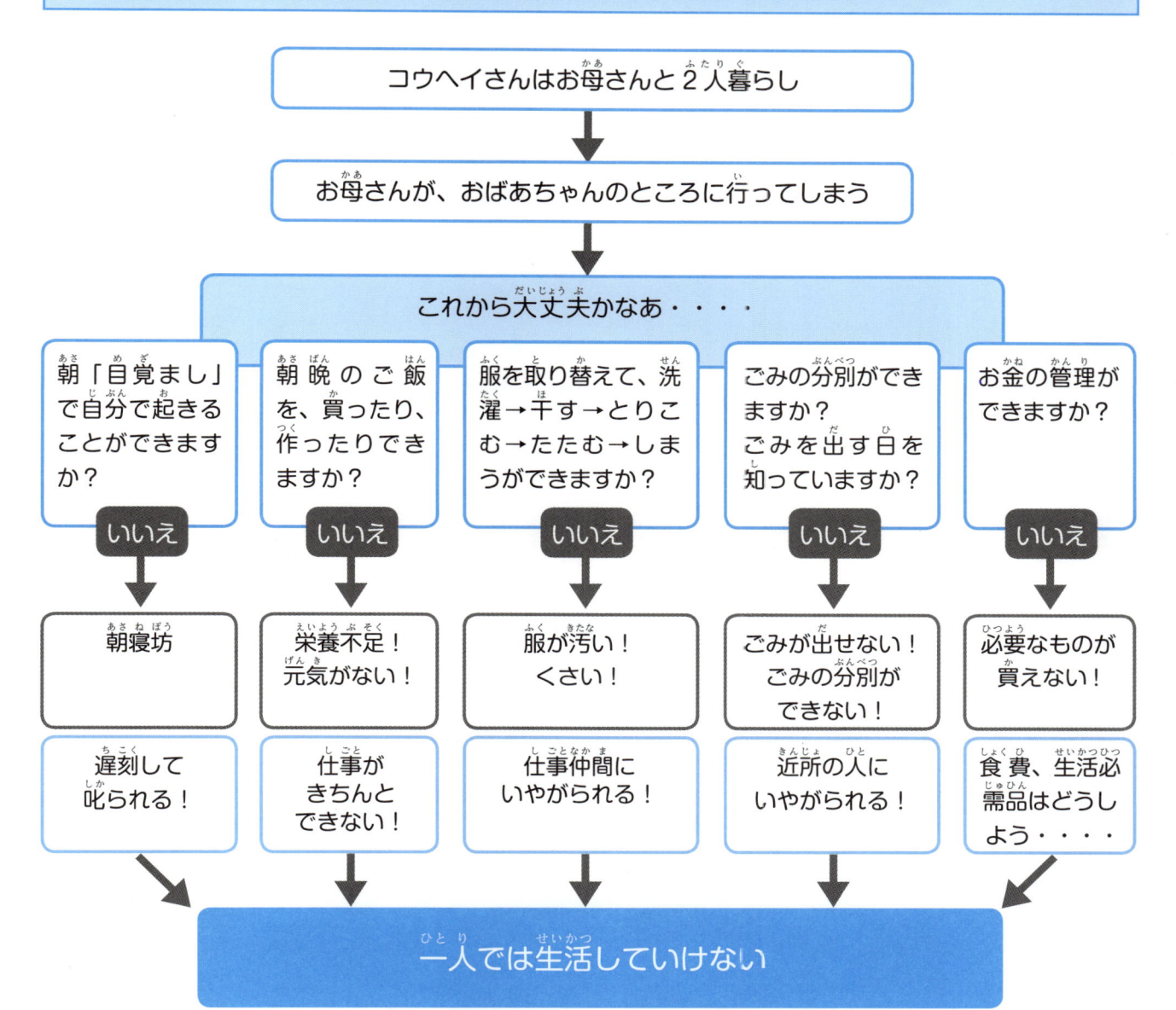

```
コウヘイさんはお母さんと2人暮らし
            ↓
お母さんが、おばあちゃんのところに行ってしまう
            ↓
      これから大丈夫かなあ・・・・
```

朝「目覚まし」で自分で起きることができますか？	朝晩のご飯を、買ったり、作ったりできますか？	服を取り替えて、洗濯→干す→とりこむ→たたむ→しまうができますか？	ごみの分別ができますか？ごみを出す日を知っていますか？	お金の管理ができますか？
いいえ	いいえ	いいえ	いいえ	いいえ
朝寝坊	栄養不足！元気がない！	服が汚い！くさい！	ごみが出せない！ごみの分別ができない！	必要なものが買えない！
遅刻して叱られる！	仕事がきちんとできない！	仕事仲間にいやがられる！	近所の人にいやがられる！	食費、生活必需品はどうしよう・・・・

一人では生活していけない

8 貯金がすっかりなくなってしまった チアキさん（32歳）

■ チアキさん
- 男性　32歳　保険会社（事務補助）に勤務。
- 父親（68歳）と母親（64歳）との3人暮らし。
兄（37歳）は15年前に大学を卒業して就職。
以来、その会社のある他県に住んでいる。

■ チアキさんの体験と ひとり暮らし便利帳 から学ぼう
→ 23．見えないお金に　気をつけよう
→ 25．さぎ商法に　気をつけよう
→ 28．携帯電話と　上手につきあう

■ 人柄と生活スタイル

```
      A   C
      B   D
```

背　景

● 「サラリーマン」になり、スマートフォンを買う

　チアキさんは、特別支援学校高等部を卒業して、食品工場に就職し、13年間勤めました。ところが1年前、工場が移転することになり、解雇されました。チアキさんは、以前から、作業服を着た工場の人ではなく、スーツを着た「サラリーマン」にあこがれていました。そこで障害者就業・生活支援センター「じょいふる」の支援を受けて、保険会社の事務補助の仕事に転職し、念願のスーツを着たサラリーマンになりました。

　新しいことにチャレンジするのが得意なチアキさんは、携帯電話をスマートフォンに機種変更しました。使っていると、自分でも「かっこいい」と思うそうです。ネットは使い放題なので、いろいろ調べたりゲームをしたりして楽しんでいます。友だちにも自慢で、「貸して貸して！」と言われると、うれしいので貸してあげました。友だちが、「これいいなあ」と言いながらゲームを楽しんでいるのを見ると、チアキさんもうれしくなってきます。
　チアキさんは、クレジットカードも作りました。前の会社の同僚のトモミさんと食事をしたときに、「カードで」と言って、代金を払ってみたかったのです。それが「かっこいい」し、便利だと思いました。

社会生活を続けるための課題

● チアキさん　エリカさんにさそわれて・・・・

　チアキさんが、前の会社の同僚にさそわれてお酒を飲むお店に行ったとき、エリカさんという女性に携帯電話の番号とアドレスを聞かれ、喜んで教えました。すると、しばらくしてエリカさんから「会いましょう」という電話。喜んで出かけて行くと、エリカさんの友だちのアクセサリー屋さんに連れて行かれました。
　「こういうアクセサリーをプレゼントされたらうれしいな」「今なら半額でお得ですよ！」とエリカさんやエリカさんの友だちにすすめられたので、買うことにしました。1か月8,000円のローンを5年間支払う契約です。

● チアキさんの貯金は・・・・

　楽しいサラリーマン生活を始めたチアキさんだったのですが、携帯電話の請求書を見てびっくり。①友だちに貸してあげているうちに、電話代がかなりかかってしまったこと、②ネットは使い放題だけど、ゲームの利用料やアイテム代がかかってしまったことに原因がありました。またある日、久しぶりに銀行のATMにお小づかいを下ろしに行ったとき、出てきた通帳を見てびっくり。貯金があと少ししかありません。アクセサリー代が毎月8,000円出ていくし、クレジットカードで支払っているうちに、どんどん貯金からお金が出ていったのです。

　チアキさんは、アクセサリーを買うとエリカさんとつきあってもらえるような気がしてアクセサリーを買いました。しかし、その後、エリカさんに何度電話をしても、まったくつながりません。だったらアクセサリーもいらないと思い、アクセサリー屋さんに電話をすると、こちらもまったくつながりません。エリカさんとアクセサリー屋さんは、「悪徳商法」＝「さぎ」だったのです。

　そんなわけで、チアキさんは、自由に使えるお金があまりありません。携帯電話も止められそうです。クレジットカード会社やアクセサリーのローン会社から、書類が送られてきます。「銀行にお金を入れてください！」という催促です。お金がないので、トモミさんをお茶や食事に誘うこともできません。それどころか、最近、お昼を食べなかったり、おにぎり1つで済ませたりしています。お金をかけないように食事を控えていたため、最近では働く元気もなくなってきました。さらに、チアキさんが仕事ではいている上ばきが、もうボロボロになっています。お客様とお会いすることもあるので、「取り替えるように」と上司から言われました。でも、お金がないチアキさんは、上ばきを取り替えることができませんでした。

● **チアキさん、上司からきびしく注意される**

　そして、ついに上司の鈴木係長から、「最近、元気がなく、ミスも多い。前から『上ばきがボロボロだから、取り替えるように』と言っているのに、取り替えていないじゃないか！」と注意されました。注意を受けてますます元気をなくしたチアキさん。ちゃんと食べるお金もないし、上ばきを買うお金ももったいないし・・・・。ついつい仕事を休んでしまうようになりました。

支援の流れと今後に向けて

● **おかしい！　と気づいたお母さん**

　チアキさんは、学校卒業と同時に就職したので、給料はお母さんが管理していました。チアキさんの「給料の入る口座」から、お昼を食べたり友だちと遊んだりするのに自由に使えるお小づかい分を、「お小づかい用の口座」に毎月移してくれていたのです。「毎朝会社に行っているはずなのに、給料が少ない・・・・！」お母さんは、「おかしい！」と思い、チアキさんを問いつめました。こうして会社を休んだことがわかり、さらに、昼ご飯や上ばきのこと、クレジットカードやアクセサリーのことも、チアキさんはお母さんに話しました。

　お母さんが気がついてくれたおかげで、「給料の入る口座」のお金で上ばきを買い、昼ご飯代もそこから出しました。アクセサリーのことは、お母さんと消費生活センターに相談に行きました。お母さんから、「どうして私が気づくまで、相談しなかったの？」と言われましたが、「お酒を飲むお店の女性にだまされたことがばれたら叱られる」と思って相談できなかったそうです。もしお兄さんが近くにいれば、スマートフォンやクレジットカード、お酒を飲むお店のことなどのアドバイスをしてくれたり、「チアキ、それはあやしいぞ！」と気づいてくれていたかもしれません。

● **これからは障害者就業・生活支援センター「じょいふる」に相談を**

　休んでしまったことや、上ばきのこともあったので、お母さんは、会社の鈴木係長におわびの電話をしました。すると、「仕事はよくやっていたので、『じょいふる』さんにも『大丈夫や！』で済ませていた私もいけなかった。お母さんや私には、相談しにくいこともあるのでしょう。今回のことで、私から『じょいふる』さんに連絡させてもらいました。『悩んでいることや困っていることはないか、話を聞いてやってくれ』と頼んでおきました。これからは、職場訪問を多めにやってくれるそうです。

みんなの体験から学ぶ 8

チアキさんにも、『抱えこんだらあかん。「じょいふる」の人に、話を聞いてもらうようにせなあかんで』と言っておきました」ということでした。

体験からのキーポイント

● 障害者就業・生活支援センター（地域によっては、障害者就労支援センター）などの生活講座に参加して、お金の管理やさぎ被害について勉強すると良いでしょう。

● 「変だな」「だまされたのかな？」「お金がどんどん減っていく‥‥」と思ったら、家族や障害者就業・生活支援センター、相談支援事業所などに、気軽に、そしてすぐに相談しましょう。

チアキさん（32歳）の体験の流れ

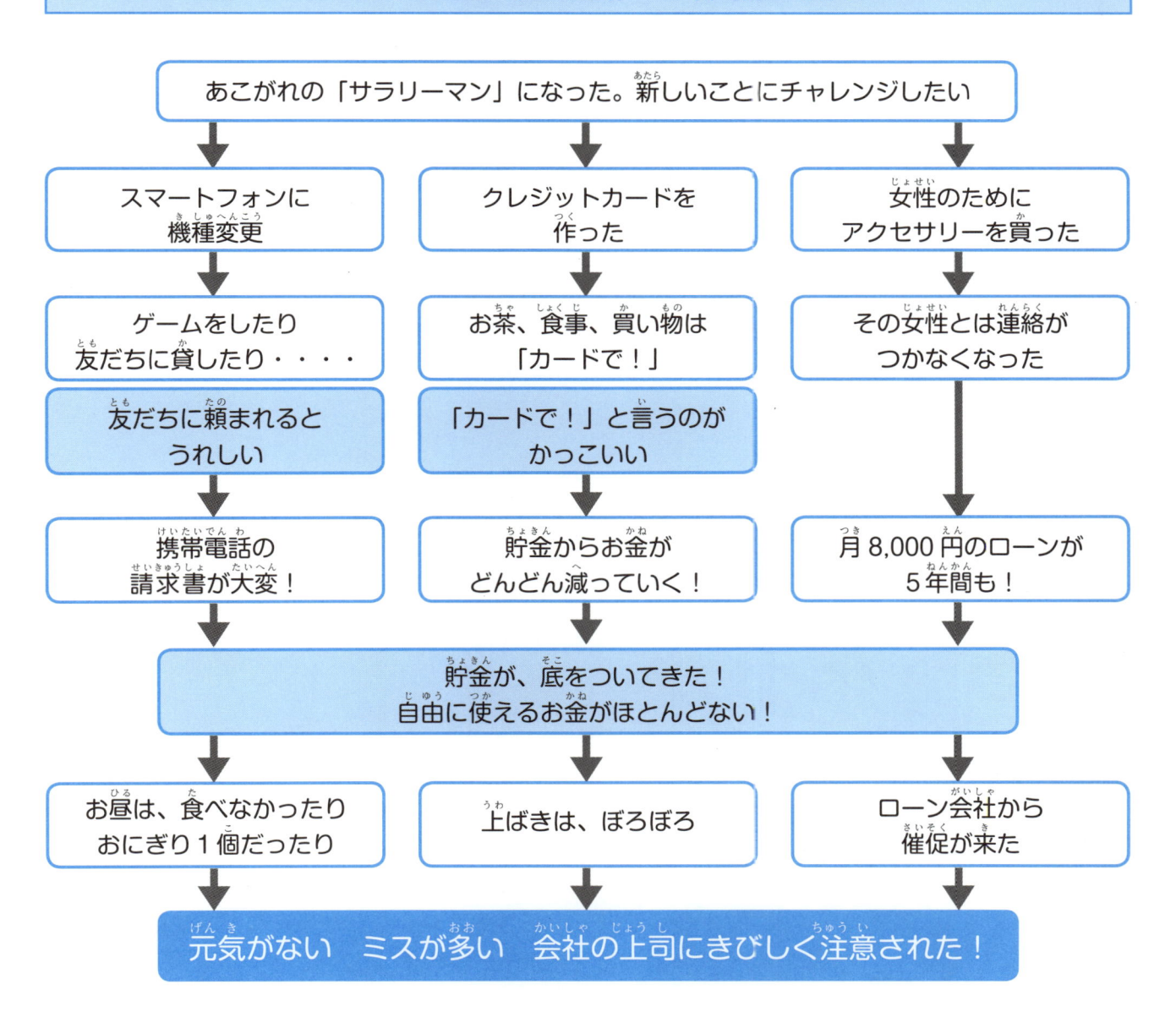

```
        あこがれの「サラリーマン」になった。新しいことにチャレンジしたい
              │                    │                    │
              ▼                    ▼                    ▼
     ┌──────────────┐    ┌──────────────┐    ┌──────────────┐
     │ スマートフォンに │    │ クレジットカードを │    │   女性のために   │
     │    機種変更    │    │     作った     │    │ アクセサリーを買った │
     └──────────────┘    └──────────────┘    └──────────────┘
              │                    │                    │
              ▼                    ▼                    ▼
     ┌──────────────┐    ┌──────────────┐    ┌──────────────┐
     │  ゲームをしたり  │    │ お茶、食事、買い物は │    │  その女性とは連絡が │
     │ 友だちに貸したり… │    │   「カードで！」   │    │   つかなくなった   │
     └──────────────┘    └──────────────┘    └──────────────┘
              │                    │                    │
              ▼                    ▼                    │
     ┌──────────────┐    ┌──────────────┐             │
     │  友だちに頼まれると │    │  「カードで！」と言うのが │             │
     │     うれしい     │    │    かっこいい    │             │
     └──────────────┘    └──────────────┘             │
              │                    │                    │
              ▼                    ▼                    ▼
     ┌──────────────┐    ┌──────────────┐    ┌──────────────┐
     │   携帯電話の    │    │   貯金からお金が   │    │  月8,000円のローンが │
     │   請求書が大変！  │    │  どんどん減っていく！ │    │    5年間も！    │
     └──────────────┘    └──────────────┘    └──────────────┘
              │                    │                    │
              └────────────────────┼────────────────────┘
                                   ▼
              ┌────────────────────────────────────────┐
              │         貯金が、底をついてきた！         │
              │     自由に使えるお金がほとんどない！      │
              └────────────────────────────────────────┘
              │                    │                    │
              ▼                    ▼                    ▼
     ┌──────────────┐    ┌──────────────┐    ┌──────────────┐
     │ お昼は、食べなかったり │    │  上ばきは、ぼろぼろ  │    │   ローン会社から   │
     │  おにぎり1個だったり │    │               │    │    催促が来た    │
     └──────────────┘    └──────────────┘    └──────────────┘
              │                    │                    │
              └────────────────────┼────────────────────┘
                                   ▼
              ┌────────────────────────────────────────┐
              │ 元気がない　ミスが多い　会社の上司にきびしく注意された！ │
              └────────────────────────────────────────┘
```

9 どん底からの脱出、何度でもやり直せるよ！ケンさんの人生（34歳）

■ ケンさん
・男性　34歳　パソコンでデータ入力する仕事に就職。
・父親（65歳）、母親（60歳）、兄（36歳）との4人暮らし。

■ ケンさんの体験と ひとり暮らし便利帳 から学ぼう
→　1．困ったときは　すぐ相談！！
→　15．日々の健康　自分で守ろう

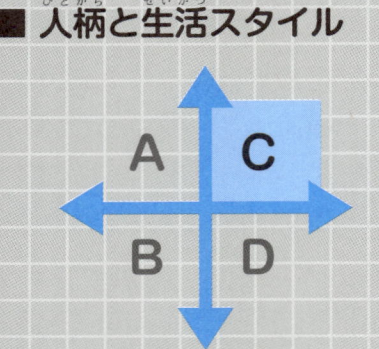

■ 人柄と生活スタイル

A　C
B　D

背景

● 会社に新しく入ってきた新人が、どうしても気になる

　ケンさんは特別支援学校を卒業後、得意のパソコンを生かしてデータを入力する仕事に就職しました。まじめに仕事に取り組むケンさんは、仕事のミスも少なく、会社では上司からも信頼されていました。入社して9年目の4月に、新しく入ってきた新入社員の行動が、ケンさんにはどうしても気になって、イライラするようになりました。この新入社員は、まだ慣れない仕事のせいか、時々奇声をあげたり、事務机をドンとこぶしでたたいたりします。また、昼休みの始まる少し前になると、事務所から飛び出して行ってしまいます。

社会生活を続けるための課題

● 会社をやめてしまう

　新入社員の行動で、職場の雰囲気がすっかり変わってしまいました。ケンさんは、「なんとかしなければいけない」と思い、この後輩の様子をいつもこわい顔で見ていましたが、その分自分の仕事が遅くなり、ミスも多くなってしまいました。やがてケンさんは、会社の上司から注意されることが多くなり、ますますイライラするようになりました。

会社の廊下でぶつぶつひとり言を言うことが多くなったり、駅では遅れた電車を足でけっとばしたりもしました。イライラしているケンさんの行動は、会社でも問題になり、ケンさんも職場にいるのがつらくなり、夜眠れなくなってしまいました。会社のすすめで病院へも通院しましたが、結局家族や周囲の人と相談して、その年の9月に会社をやめることにしました。

● 自宅で引きこもり・どん底生活

ケンさんは、会社をやめたことで、自分に自信がなくなり、すべてのことがめんどうになってしまいました。会社をやめるときにすすめられた作業所にもなじめず、よく休むようになりました。病院だけは月に2回通院していましたが、先生から出された薬を飲むと、とても体がだるくなり、家でごろごろしているうちに、長い昼寝になり、今度は夜眠れなくなってしまいました。

とうとう昼と夜が逆転してしまい、夜中にテレビを見たりゲームをして過ごし、明け方に眠り始めるという習慣がついてしまいました。いつもイライラしていて、家族からの注意に大きな声でどなってしまうこともありました。また、夜中にコンビニへ行き、揚げ物をたくさん食べるようになったので、体調も悪く、体重は10キロも増えてしまいました。

支援の流れと今後に向けて

● ハローワークのすすめで、就労移行支援施設へ

失業後は、月に何度かハローワークに通って、再就職できる会社をさがす相談を続けていました。しかし、ケンさんには就職する自信がないため、会社の面接の約束を何度もすっぽかしてしまいました。また、やっと面談した会社にも落ちてしまい、さらに自信をなくしていきました。このような生活が1年ほど続き、そろそろ失業手当もなくなる頃、ハローワークからすすめられた就労移行支援施設（仕事を体験しながら、就職のための訓練をする所）へ通ってみることにしました。

その施設に行ってみると、特別支援学校時代の友だちが数人いて、ケンさんはびっくりしました。彼らもケンさんと同じように、勤めていた会社が倒産したり、会社を解雇されたりして、今は再就職のためにがんばっているところでした。ケンさんは、何度かその友だちに会っ

て話しているうちに、自分ももう一度働いてみようという気持ちになってきました。
　この施設では、昼と夜が逆になった生活や、肥満した体のことを注意されました。そして、生活を規則正しいものに戻すために、グループホームの利用をすすめられました。ケンさんは、以前からひとり暮らしにはあこがれていたので、その練習にもなると説得されて、グループホームへ入ることにしました。

● グループホームでの生活

　グループホームは自宅から2駅ほどはなれた場所にあり、6人が生活しています。3人は作業所、2人が一般の会社、ケンさんは就労移行支援施設へと、朝出かける場所はちがいますが、みんな規則正しく生活して、部屋のそうじや洗濯もきちんと自分でやっていました。ケンさんも一緒に暮らす中で、いつの間にか自分の部屋のそうじや洗濯、お金の管理などがきちんとできるようになりました。体重も以前より5キロ減り、体の調子も良くなってきました。

　その後、ケンさんは、清掃の仕事を中心とした就労移行支援施設で1年ほどがんばりました。賃金は月6万円程度でしたが、前の会社の仕事に比べると気楽なので、このままでもいいかなと思っていました。しかし、就労移行支援施設で働く仲間が、一般の会社へ就職していく姿を見て、ケンさんも少しずつ会社に就職したいと思うようになりました。この就労移行支援施設では、清掃のほかにも、いくつかの職業を体験することができました。その中でケンさんは、調理補助の仕事が気に入りました。食事を出すレストランでの皿洗いや、簡単な料理の下準備の仕事ですが、お店に来るお客さんの顔も見られる、レストランやファーストフード店で仕事をしてみたいと考えるようになりました。

● 現在のケンさん

　ケンさんは現在、自宅から自転車で30分ほどのハンバーガー店で、調理補助の仕事を一生懸命やっています。勤務時間は午前10時から夕方4時までで、賃金は月8万円ほどですが、仕事にはとても満足しています。

　半年前に、グループホームから自宅へ戻りましたが、今、ひとり暮らしをするためにアパートをさがしています。休日には、グループホーム時代の人たちと、カラオケやスポーツを楽しんでいます。また、お金を少しずつ貯めて、将来結婚するときのための貯金にしようと考えています。

みんなの体験から学ぶ 9

体験からのキーポイント

- いろいろな理由で、一度就職した会社をやめることになることもあります。
- 会社をやめて、ケンさんは、「気持ち」も「生活」もどん底状態になりましたが、少しずつ努力をして、少しずつ体の健康と心の健康を取り戻していきました。
- きっかけは、引きこもり状態から、就労移行支援施設（自分と同じ立場の人がいる場所）へ通い始めたことでした。いろいろな人に出会えました。
- 人生は長いです。だから調子が悪い時期もあります。でも、そこからいろいろな人の意見を聞きながら、少しずつ良い方向へ自分を変えていくことができます。
- 人生とは、何度でもやり直しができて、いろいろな人と出会える、ワクワクする時間なのです。

ケンさん（34歳）の体験の流れ

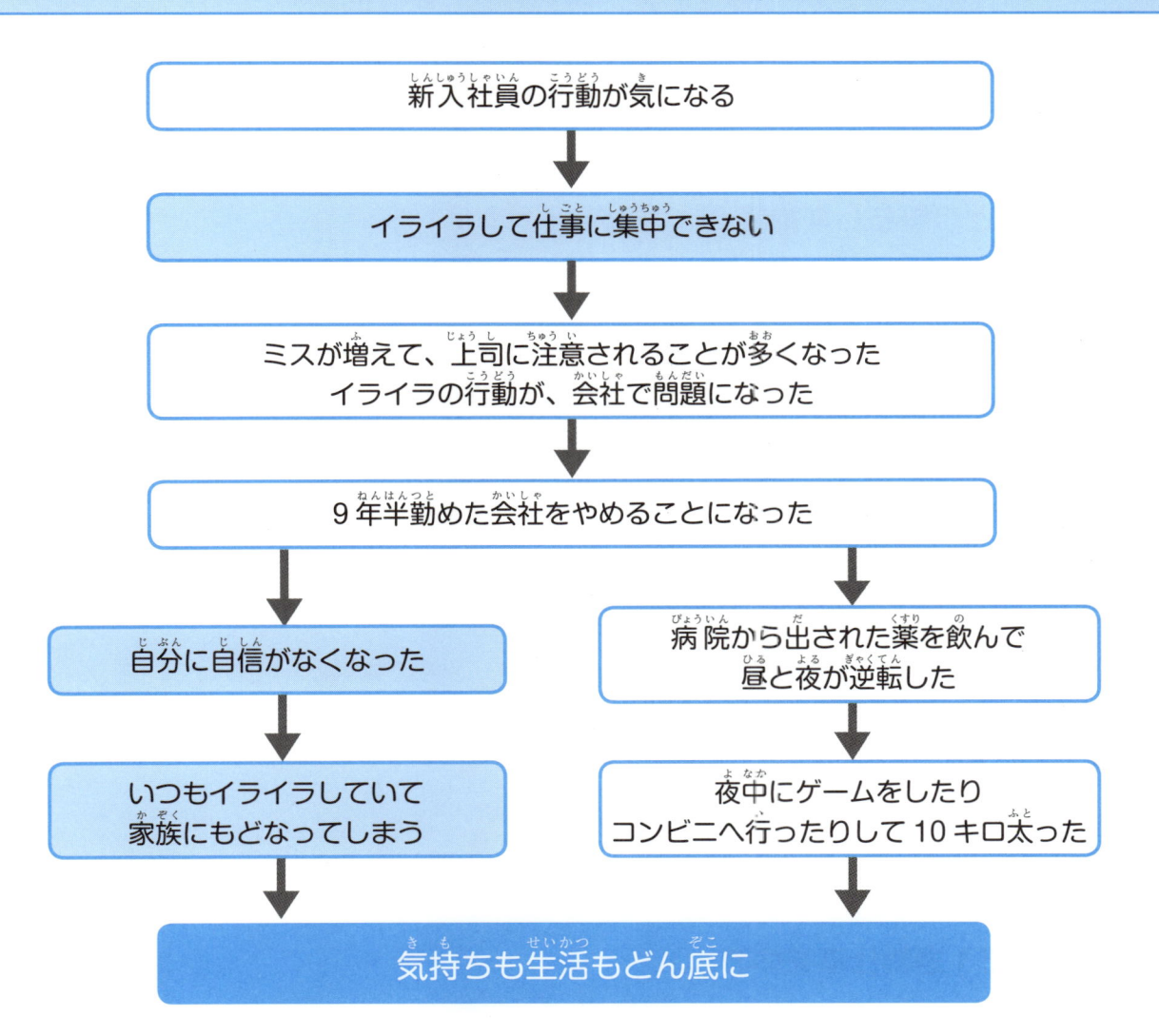

```
新入社員の行動が気になる
       ↓
イライラして仕事に集中できない
       ↓
ミスが増えて、上司に注意されることが多くなった
イライラの行動が、会社で問題になった
       ↓
9年半勤めた会社をやめることになった
       ↓                    ↓
自分に自信がなくなった      病院から出された薬を飲んで
       ↓                    昼と夜が逆転した
いつもイライラしていて            ↓
家族にもどなってしまう      夜中にゲームをしたり
       ↓                    コンビニへ行ったりして10キロ太った
                              ↓
         気持ちも生活もどん底に
```

55

10 長い単身生活で健康に不安があるサトシさん（46歳）

■ **サトシさん**

- 男性 46歳 自動車会社の系列会社に25年間勤務して退職。病院の厨房の調理補助として再就職。
- 両親は10年前に死亡。同じ市内に兄夫婦がいて、支援を受けながらのひとり暮らし。

■ **サトシさんの体験とひとり暮らし便利帳から学ぼう**

→ 17．病院で　みてもらおう
→ 42．お酒・タバコ・ギャンブル　大人らしい遊び？

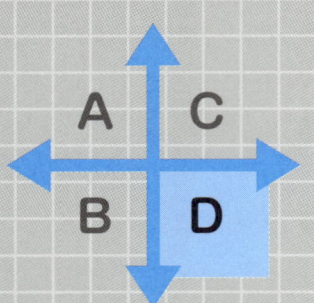

■ **人柄と生活スタイル**

（A／B／C／D 象限図、Dが該当）

背景

● 10年間ひとり暮らしを継続

　サトシさんは、中学校の特別支援学級を卒業後、自動車会社の系列会社に就職し、製造ラインの組立業務を中心に25年間働いてきました。収入は、残業が多いときには月20万円を超えることもありましたが、景気の低迷と会社業務の海外移転が重なり、退職することになりました。退職後は、ハローワークの紹介で2か所で勤務しましたが、長続きしませんでした。そして、お兄さんと一緒に市役所の障害福祉の窓口を訪れ、40歳になってはじめて「療育手帳」を取得しました。

　10年前に両親が亡くなったときからアパートでひとり暮らしをしており、同じ市内に住む兄夫婦が時々生活の世話をしてくれました。その後、障害者就業・生活支援センターとハローワークの紹介で、病院の厨房の調理補助として再就職しました。仕事はまじめで、職場の評価も高く、週30時間の勤務で月10万円程度の給料（賞与あり）です。当初、サトシさんは、より賃金の高い仕事を望んでいました。しかし最近では、今の慣れた職場で、長く勤めたいと考えています。

社会生活を続けるための課題

● 体調不良で1週間仕事を休む

　ちょうど1か月くらい前に体調をくずし、1週間仕事を休みました。サトシさんは、ここ1年ほど

体調がすぐれず、休みを取ることが増えたようです。健康診断では、2年続けて肥満傾向、脂質異常、そして糖尿病の治療が必要と指摘されていました。職場のマネージャーは、サトシさんに健康診断の結果を伝え、日々の健康管理と治療の必要性について何度も話をしていたようですが、サトシさんは、食生活を改善することや、適切な治療を行っていませんでした。

障害者就業・生活支援センターの相談員は、職場の定期巡回に訪れたとき、マネージャーからはじめて、サトシさんの健康管理の問題について聞かされました。センターでは、サトシさんの日常生活面の課題を把握していなかったのです。なぜなら、兄夫婦の支援を受けながら、ひとり暮らしを長年続けており、「困っていることはない」と言っていたからです。あらためて、休日にアパートを訪問し、生活の状況について、サトシさんから具体的に話を聞きました。問題点は、大きく2つありました。1つは病院への通院、もう1つは食生活で、特に飲酒による健康状態の悪化がありました。

● 通院について

サトシさんは、これまでほとんど病院にかかったことがありません。健康診断の結果から、マネージャーは、厨房が入っている病院への通院をすすめています。サトシさんは、一度、体の調子をみてもらうため、就業時間終了後にその病院の受付に行ったことがありました。しかし、「今日の午後は診療受付を行っていません」と言われ、その後は行かなかったようです。

有給休暇があるので、「半日休暇を取って、通院することもできるのでは？」と相談員が提案しましたが、気がすすまないようです。サトシさんは、朝から一連の流れで仕事を始めるのではなく、途中からでは職場へ入りにくいと考えているようでした。そこで、土曜日に診療を行っている、アパートから近い病院への通院を提案しました。これにはサトシさんも同意し、初回の診察は相談員と一緒に、健康診断の結果を持って出かけることになりました。

● 毎日の飲酒

サトシさんは毎日お酒を飲んでいました。「職場の忘年会を楽しみにしている」と聞いてはいましたが、職場の同僚も「飲み過ぎる人」とは感じていなかったので、自宅で毎日お酒を飲んでいるとは

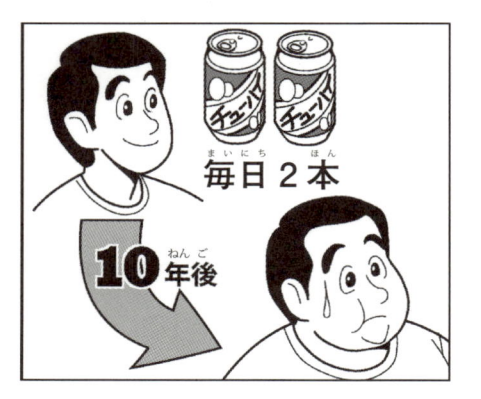

誰も知りませんでした。1日に、チューハイかビールを2缶程度の量ですが、10年以上毎日続けていたようです。兄夫婦からも、「飲み過ぎには注意するように」と言われているようですが、「2缶は適量」とサトシさんは考えていたようです。お酒（アルコール）の量についても、病院に行くときに、医師と話し合う項目となりました。

支援の流れと今後に向けて

● 医師の診断を受ける

近所の内科医院を予約するときに、障害者就業・生活支援センターの相談員がサトシさんの体調や健康状態を簡単に説明し、飲酒について相談する時間もとってもらいたいことを伝えました。そして、最初の2回は診察に付き添うことにしました。診察で決まったことは、「毎日、朝食後と夕食後に服薬を続けること」「アルコールは週3回、1缶にすること」です。毎月の通院も必要と言われました。問題は、この決定事項をどのようにサトシさんに守ってもらうかということでした。

● 通院と服薬の管理

毎月の通院と食後の服薬を管理する方法について、相談員はサトシさんに、次のように提案しました。それは、①3か月間、通院前日の金曜日、就業時間後にセンターで面接をして、通院日を忘れていないか、服薬や飲酒の状況の確認などの情報交換をする、②朝7時半に出勤し、職場の食堂で朝食を食べて服薬する、の2点です。サトシさんは、これまで朝食と夕食はコンビニで買った弁当を食べていました。職場のマネージャーと調整し、勤務日の朝食は職場の食堂で食べ、朝の服薬を職場で行うことにしたのです。

● アルコールや健康の管理

しばらくは、毎月の面接で話をするだけの対策としました。糖尿病などの健康管理は、病院で定期的な血液検査を行い、様子をみることにしました。

日常生活に関して、これまで兄夫婦以外にはまったく口出しされなかったサトシさんの支援は、どの程度の支援が適切なのか、相談員は悩みました。健全に働き続けるためには、食生活や特に飲酒の管理が重要になります。食生活の管理が十分にできないことも考えられるので、糖尿病の薬が処方されることになりました。

みんなの体験から学ぶ　10

サトシさんの毎日の飲酒は、飲酒のほかに「楽しみがない」ことが原因とも考えられました。社会人として長年活躍してきたサトシさんの、「生き方」や「価値観」を十分に尊重しながら、「職場以外に、友人や仲間をつくる」「趣味などの楽しめる活動をさがす」「気晴らしやリフレッシュにお金を使うことをおぼえる」など、新たな支援も検討することにしました。

「定期的な検査と服薬を！」

体験からのキーポイント

- 一定の年齢になれば、誰もが、体力の低下と健康上の問題を抱えるようになります。
- 長年続けてきた生活スタイルは、それが良くないことだとわかっていても、簡単に変えることはできません。
- 通院や服薬など、あなたの体や健康にとって必要なことでも、強い意志で取り組まないと、継続することは難しいものです。
- よく話し合って、自分で納得できたところから、少しずつ進めていくことが大切です。

サトシさん（46歳）の体験の流れ

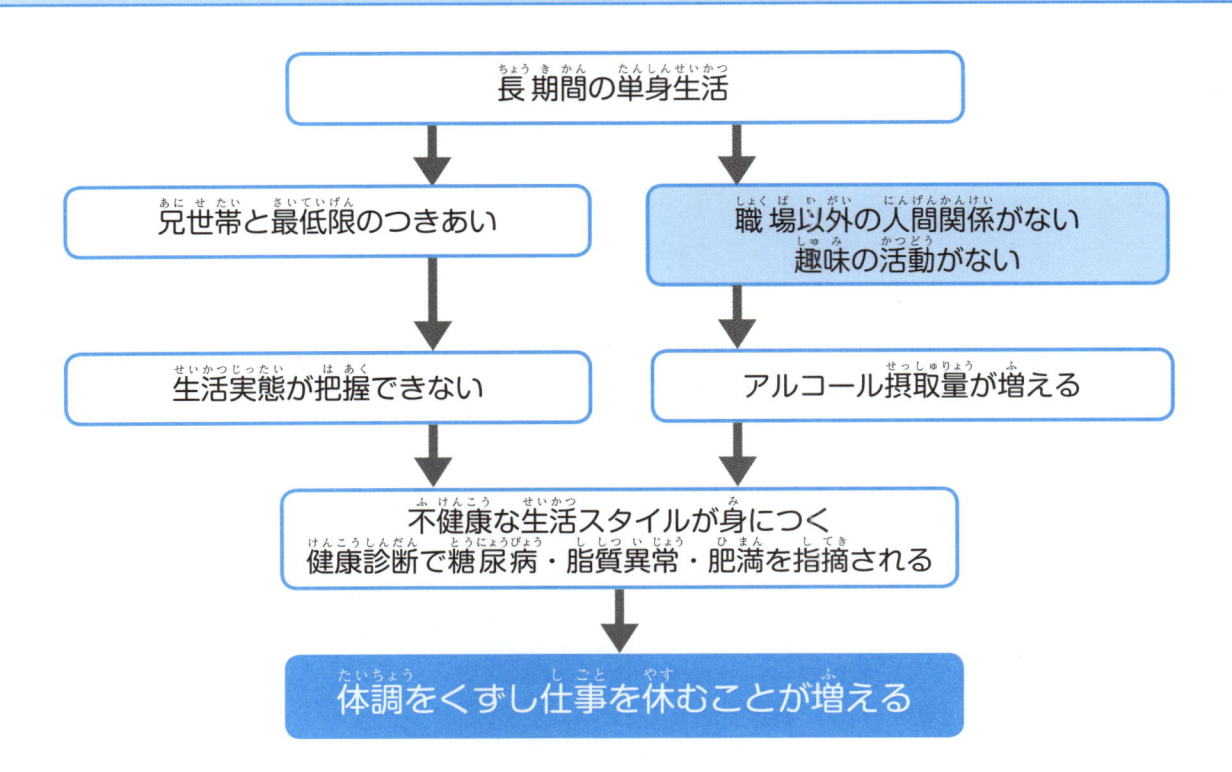

長期間の単身生活
↓
兄世帯と最低限のつきあい　　職場以外の人間関係がない／趣味の活動がない
↓　　　　　　　　　　　　　↓
生活実態が把握できない　　　アルコール摂取量が増える
↓
不健康な生活スタイルが身につく
健康診断で糖尿病・脂質異常・肥満を指摘される
↓
体調をくずし仕事を休むことが増える

11 自分で選んだ食事サービスで健康管理をしているマサルさん（56歳）

■ マサルさん

- 男性　56歳　心臓に持病がある。
  1年前に40年間勤めた会社を早期退職した。
- 県営住宅でひとり暮らし。同居していた両親はすでに死亡。

■ マサルさんの体験と ひとり暮らし便利帳 から学ぼう

→　1．困ったときは　すぐ相談!!
→　2．ひとり暮らしの　SOS
→　8．健康につながる　食事
→　18．心だって　かぜをひく

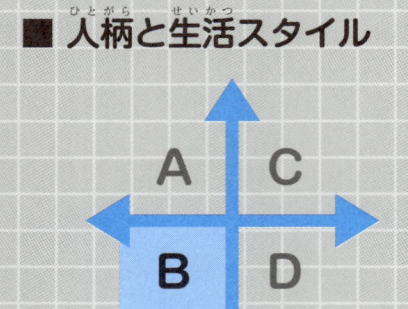

■ 人柄と生活スタイル

```
    A | C
    --+--
    B | D
```

背　景

● マサルさんのこれまで

　マサルさんは、中学校の特別支援学級卒業と同時に、町で一番大きな工場の本社工場に就職しました。それ以来、ごみ、産業廃棄物、段ボールなどの分別や処理の仕事をしてきました。ここ10年くらいで工場の様子が変わり、ものを作る生産部門は別の町に移転し、本社と研究開発部門だけが残ることになりました。そういう理由から、1年前、マサルさんは会社から早期退職を求められ、40年間働いた会社を退職しました。マサルさんは、どこかほかのところで働きたいと思い、ハローワークを訪れました。ハローワークの人は、就職活動を手伝ってくれる障害者就業・生活支援センター（地域によっては、障害者就労支援センター）を紹介してくれました。

社会生活を続けるための課題

● 生きる元気を失う

　障害者就業・生活支援センターでは、仕事のことだけでなく、生活支援ワーカーの長野さんが、生活や健康のことを気にかけてくれました。特に、マサルさんは心臓が良くないので、塩分を控える必要があり、食事について一緒に考えていくことになりました。しかしマサルさんは、「めんどうだから、今までどおりコンビニで買って食べるよ」と言います。でも長野さんは、「マサルさんが決めたこと

だから・・・・」とあきらめてはいけないと思いました。

マサルさんの話をじっくり聞いてみると、両親を失い、弟とも連絡がつかない、さらに会社から早期退職を求められて、「自分が長生きしても誰も喜ばない」という気持ちになっていること。それでも、立ち飲み屋でいつも会う、常連さんやマスター（お店のご主人）と顔を合わせることは楽しみということがわかりました。

● 仲間がいて、若い人に慕われて、元気が出てきたマサルさん

最近、障害者就業・生活支援センターに通うようになったマサルさんですが、そのやさしい、あたたかい性格から、センターで顔を合わせる若い利用者たちから慕われるようになりました。特に、ひょうきん者のダイスケさん（21歳）は、マサルさんを「センターのおやじさん」と呼び、いろいろ質問したり、買ってきた鉄道雑誌を見せたりしています。マサルさんは、「おまえのおやじじゃねえよ！」と言いながらも、突然の「息子」の出現にまんざらでもない様子です。

生活支援ワーカーの長野さんは、「マサルさんが入院したり、いなくなったりしたら、立ち飲み屋の常連さんやマスター、センターの利用者や職員がさびしがると思いますよ！　特にダイスケさんは、ショックが大きいと思いますよ！」と、マサルさんを励ましました。マサルさんも少しずつ、「俺が死んだら悲しんでくれる人がいる。長生きを喜んでくれる人がいるんだ・・・・」と思えるようになってきました。

マサルさんは、家族ともはなれ、仕事もなくなり、とても孤独な気持ちになっていました。誰からも、「あなたがいてくれて良かった」と思ってもらえないと考えていたのです。でも、そんなことはありませんでした。マサルさんは、気がついていなかったかもしれませんが、立ち飲み屋の常連さんやマスターだって、マサルさんのことを気にかけてくれていたのです。さらに、ダイスケさんという、マサルさんのことをお父さんのように慕ってくれる若者も現れました。

支援の流れと今後に向けて

● 健康管理に動き出す

　生活支援ワーカーの長野さんは、「たまには立ち飲み屋に行きたい」というマサルさんの気持ちを大切にし、①立ち飲み屋で飲むお酒の量の目安、②朝と昼の簡単な食事、③栄養を考えた宅配食事サービスによる夕食、という食事の計画を「一緒に考えていきませんか？」とマサルさんに提案しました。また、マサルさんの心臓をみているお医者さんや、保健センターの栄養士さんにも相談しました。栄養士さんは、マサルさんに「こういう食事をするといいですよ」ということを、わかりやすく説明してくれました。長野さんも絵や図を使ったプリントを作ってくれて、栄養士さんの話の理解と、復習を助けてくれました。

● 宅配食事サービスを選ぶ

　栄養士さんは、心臓病に良い宅配食事サービスをやっている、3つの業者のパンフレットを集めてくれました。メニューのカラフルな写真を見て、マサルさんは、「どれもおいしそうだな」と思いました。長野さんが、注文方法やキャンセルの期日などの「重要事項」（大切なこと）について、パンフレットのどこに書いてあるのかを目印をつけて教えてくれました。
　長野さんは、「パンフレットをよく見て、気に入ったものがあれば申し込むといいですよ」「1週間くらい頼んでみて、おいしくなかったら別の業者に変えればいいですよ」「注文の手続きが難しかったら、お手伝いしますよ」と言ってくれました。2～3日して、マサルさんは、「B社のを頼みたい。注文を手伝ってほしい」と長野さんに話しました。

　B社の宅配食事サービスが届きました。1週間食べましたが、どれもあまりにやわらかすぎて、食べごたえがありません。マサルさんは、そのことを長野さんに伝え、C社の弁当に変更することにしました。マサルさんは、今度は自分でやってみようと思いました。念のため長野さんに横にいてもらって、自分でC社に宅配食事サービスの申し込みをすることができました。こうして届いたC社の弁当は、やわらかすぎることもなく、マサルさんはその後もずっと、夕食にはC社の宅配食事サービスを利用しています。

みんなの体験から学ぶ 11

体験からのキーポイント

- 「ひとり暮らし」や「2人暮らし」をしていて、「仕事がなくなった」「病気をした」「なんだか最近気分が落ちこむ」など、困ったときや気分がすっきりしないときには、自分一人で抱えこまないで、障害者就業・生活支援センターや相談支援事業所の人に、まず相談しましょう。
- 一人ひとりに、必ず、「あなたがいてくれて良かった！」と思ってくれている人がいます。人だけではありません。あなたが水をあげているお花は、あなたがいないと枯れてしまいます。誰も、何も思い浮かばない人は、どこかに、誰かに相談してみましょう。「あなたが相談に来てくれて良かった！」と思って、きっと相談にのってくれます。

「困ったときは相談しよう！」

マサルさん（56歳）の体験の流れ

両親が亡くなり一人で生活
→ 身内とも連絡がとれない
→ 誰にも頼りにされていない

両親が亡くなり一人で生活
→ 会社から早期退職を求められた

心臓が良くない
→ コンビニ弁当や立ち飲み屋で不健康な食生活
→ 食生活を改善するのがめんどう

→ 自分が長生きしても誰も喜ばない

12 突然ひとり暮らしになり、お金のトラブルに巻き込まれたゴロウさん（61歳）
～成年後見制度の活用～

■ ゴロウさん
- 男性　61歳　現在は作業所に通所。
- 一人っ子で、分譲マンションに父親と2人暮らし。近所にはいとこの田中さん夫婦が住む。

■ ゴロウさんの体験とひとり暮らし便利帳から学ぼう
→ 　1．困ったときは　すぐ相談!!
→ 　2．ひとり暮らしの　SOS
→ 25．さぎ商法に　気をつけよう
→ 27．気をつけよう　お金のトラブル

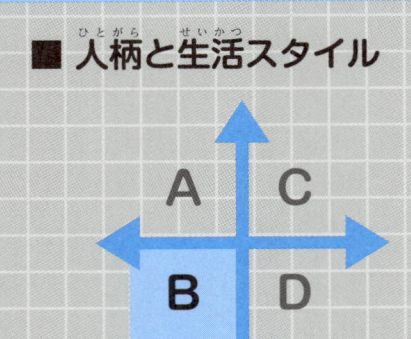

■ 人柄と生活スタイル

A　C
B　D

背 景

● 父親の入院

ゴロウさんは特別支援学校卒業後、就職を何度かしましたが長く続かなかったため、現在は作業所に通所しています。母親は数年前に亡くなり、お父さんと2人で協力して暮らしていました。ところが、お父さんが突然倒れて意識不明になり、救急車で病院に運ばれました。運良く意識は回復しましたが、言葉が不自由で、体の半分がまひしてしまい、しばらく入院することになりました。

突然ひとり暮らしになったゴロウさんは、作業所の支援でヘルパーさんに来てもらうことになり、なんとか一人で暮らせるようになりました。お父さんの入院費の支払いなどのお金の管理は、ゴロウさんのいとこの田中さんが手伝ってくれることになりました。田中さんは、これまでもよくゴロウさんの家に来ていて、お父さんとも親しくしていました。

● お金の管理

　ゴロウさんには障害基礎年金の6万5千円、お父さんには約20万円の年金収入が毎月あります。ゴロウさんは、お父さんの年金が入る郵便局の通帳と印鑑を持って、田中さんと一緒にお金を引き出しに行きました。そして、ゴロウさんの生活に必要なお金、お父さんの入院費、ヘルパーさんの費用などの支払いを、田中さんに手伝ってもらいながら行いました。田中さんは、ゴロウさんより少し年上で、お酒が大好きで、ゴロウさんのお父さんとよくお酒を飲んでいました。田中さんは、月に2回ほど、ゴロウさんと郵便局に行ってくれましたが、それ以外の日にも家に来るようになりました。ある日、田中さんは、「家に泥棒が入ると大変だ！」と言って、お父さんの通帳と印鑑を、田中さんの家に持って帰ってしまいました。

社会生活を続けるための課題

● お父さんの病状の悪化

　ゴロウさんのお父さんの病気は、なかなか良くなりません。まだまだ入院は続きそうで、「しばらくは家に戻ることは難しいでしょう」と医師から言われました。ゴロウさんは、これから一人で暮らすのかと思うと、とても暗い気持ちになりました。田中さんは、「お父さんの入院費も大変になるから、ゴロウさんの食費やヘルパーさんのお金を節約しよう」と言って、ヘルパーさんの代わりに、田中さんの奥さんが、週に1回そうじや洗濯の手伝いをしてくれるようになりました。

● 不足するお金

　ゴロウさんは、田中さんに言われたとおり、なるべく食費を節約して、さらに自分の趣味だった地元のサッカーチームの観戦もやめてしまいました。ところがある日、ゴロウさんの家に、お父さんの病院から電話がかかってきました。「お父さんの入院費が、もう2か月分も支払われていません。このままでは、お父さんは病院にいられなくなります」とのことでした。田中さんにこのことをたずねると、「忙しくて病院に行けなかった。来週には支払いに行く」と言いました。また、週に1回手伝いに来てくれる田中さんの奥さんも、「買い物に行く」と言っていつも3千円を持って行きますが、おつりやレシートは渡してくれませんでした。

支援の流れと今後に向けて

● 作業所への相談・福祉事務所への相談

　ゴロウさんが、自分の家の出来事や病院からかかってきた電話のことを作業所の職員に相談すると、話をよく聞いてくれて福祉事務所にゴロウさんのことを話してくれました。その後、福祉事務所の人がゴロウさんの自宅を訪ね、ちょうど手伝いに来ていた田中さんの奥さんと話をしました。田中さんの奥さんは、福祉事務所の人に怒った様子で、「親戚だから手伝っているのに。少しくらいお金の支払いが遅れたからって、私たちを疑うなんて失礼でしょう！」と言って帰ってしまいました。
　翌日、田中さんが通帳と印鑑を持ってゴロウさんの家に現れ、「もうゴロウさんの支援はしない」と言って帰っていきました。ゴロウさんは、どういうことかわかりません。とても不安な気持ちになって、福祉事務所に電話をしました。ゴロウさんが福祉事務所の人と一緒に郵便局に行って調べてみると、お父さんの貯金から200万円がなくなっていることがわかりました。

● 成年後見制度の活用

　ゴロウさんは、福祉事務所や作業所の人と相談した結果、お金の管理をしてくれたり、大切な相談をいつでも受けてくれる「成年後見人」という人を選んでもらうことにしました。手続きから2か月後、佐藤弁護士さんが、お父さんとゴロウさんの両方の成年後見人として選ばれました。佐藤弁護士さんはとてもやさしい人で、ゴロウさんの話もよく聞いてくれます。また、入院しているお父さんとも、お見舞いに行くたびに話をしているようです。

　今では、以前のように週2回ヘルパーさんが家に来て、そうじや洗濯、食事の用意をしてくれます。ゴロウさんは障害基礎年金が自由に使えるようになり、また大好きなサッカーを観戦できるようになりました。勝手にお金を使ってしまった田中さんは、佐藤弁護士さんに怒られて、毎月少しずつ、ゴロウさんにお金を返すことになりました。

体験からのキーポイント

- 自分でお金の管理をすることが難しい場合には、「成年後見制度」を利用する方法があります。
- 困ったときや「おかしいな？」と疑問に思ったときに、相談できる人や場所があると安心です。
- 親の入院など緊急時を想定した対応について、事前に話し合ったり準備しておくことが必要です。

ゴロウさん（61歳）の体験の流れ

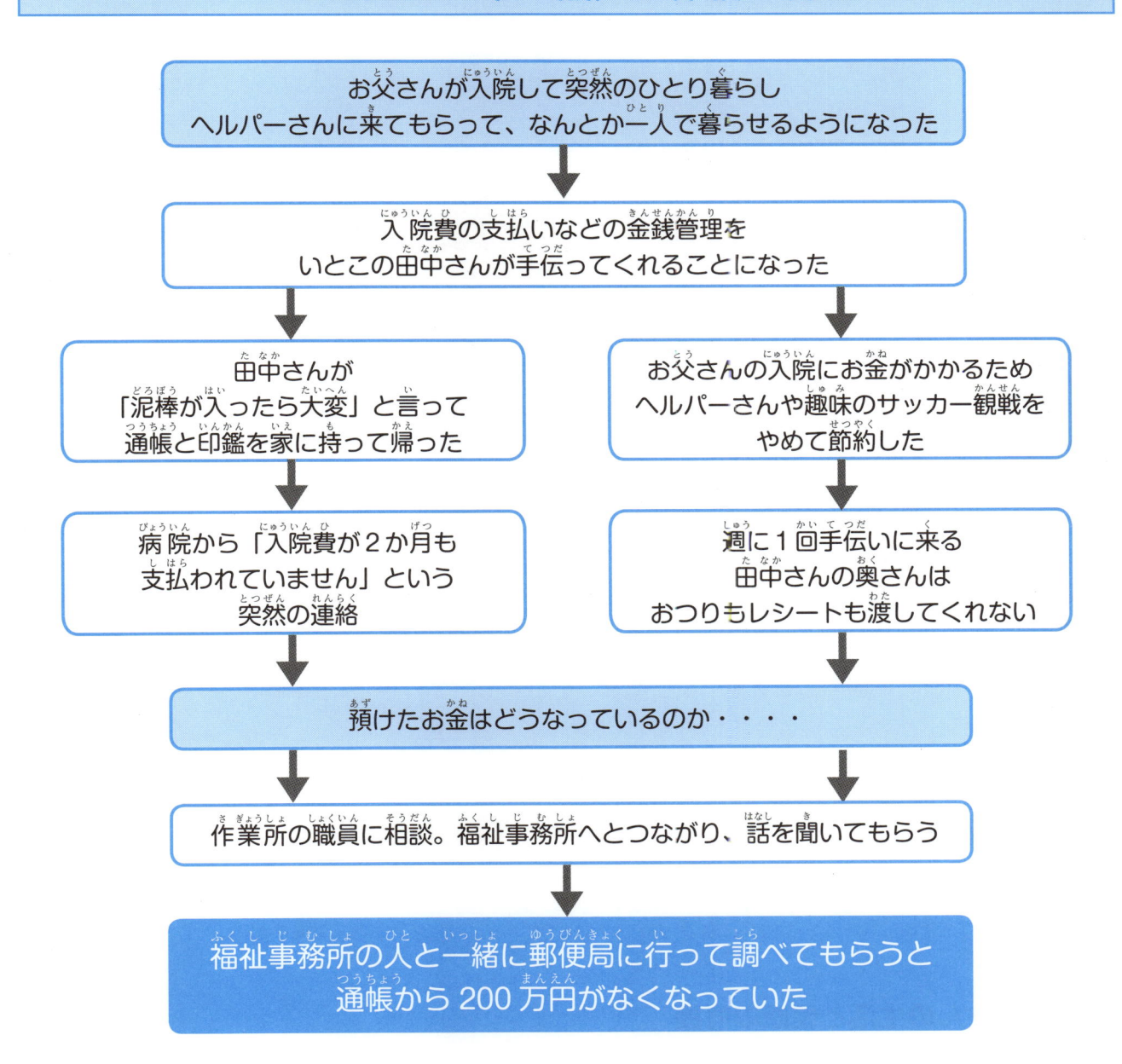

```
お父さんが入院して突然のひとり暮らし
ヘルパーさんに来てもらって、なんとか一人で暮らせるようになった
                    ↓
入院費の支払いなどの金銭管理を
いとこの田中さんが手伝ってくれることになった
        ↓                           ↓
田中さんが                    お父さんの入院にお金がかかるため
「泥棒が入ったら大変」と言って    ヘルパーさんや趣味のサッカー観戦を
通帳と印鑑を家に持って帰った      やめて節約した
        ↓                           ↓
病院から「入院費が2か月も       週に1回手伝いに来る
支払われていません」という       田中さんの奥さんは
突然の連絡                    おつりもレシートも渡してくれない
        ↓                           ↓
        預けたお金はどうなっているのか・・・・
                    ↓
作業所の職員に相談。福祉事務所へとつながり、話を聞いてもらう
                    ↓
福祉事務所の人と一緒に郵便局に行って調べてもらうと
通帳から200万円がなくなっていた
```

13 お金の管理と健康管理、家事が難しくなったアツコさん（65歳）

■ アツコさん
・女性65歳　55歳まで継続して働き、月15万円の年金生活。
・母親と住んでいた一軒屋にひとり暮らし。
　兄が隣の市に住んでいる。

■ アツコさんの体験とひとり暮らし便利帳から学ぼう
→ 12．そうじをして　健康で安全に
→ 15．日々の健康　自分で守ろう
→ 19．お金と上手に　つきあおう
→ 37．ご近所との　良いつきあい

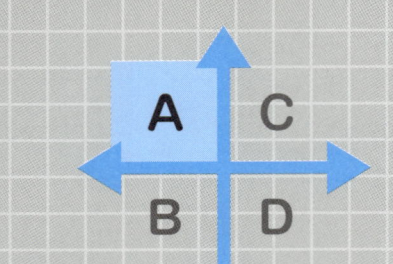

■ 人柄と生活スタイル

```
    A | C
  ----+----
    B | D
```

背　景

● 自由な生活を楽しんでいるアツコさん

　アツコさんは、長い間、お母さんと2人暮らしをしていましたが、3年前にお母さんが亡くなりました。アツコさんは、10年前に仕事を退職した後は、自分の自由な時間を楽しみ、お母さんが亡くなってからは、趣味の買い物にたくさんのお金を使うようになりました。2人で暮らしていたときは、お母さんとアツコさんが協力して家のことを行っていましたが、お母さんが亡くなって一人になると、だんだんそうじや洗濯が行き届かなくなっていきました。

社会生活を続けるための課題

● アツコさんの生活と健康の危機

　アツコさんは、ある程度自分で食事を作ることができました。しかし、後片付けが苦手で、台所にはたくさんの食器が積み重なり、料理を作ることができないほどごみがたまってしまいました。また、

たくさん買い物をして荷物が部屋いっぱいになり、2階建ての家は、アツコさんの寝るふとん1枚分以外のスペースは、すべて買った物やごみだらけになってしまいました。
部屋からあふれた荷物がお風呂場にも置いてあるので、最近、アツコさんはお風呂にも入っていません。また、食事はいつも好きな物ばかり食べていたため、とても太ってしまい体調も良くありません。アツコさんのお母さんは、糖尿病が原因で亡くなったので、アツコさんも自分の健康が心配になってきました。

● 電気が止まった！　お兄さんとのけんか

アツコさんは、電気代や水道代をコンビニで支払っていましたが、最近数か月は買い物をしすぎて、電気代を支払うことを忘れていました。ある日、突然電気が止まり、アツコさんはびっくり。あわてて隣の市に住んでいるお兄さんに助けを求めました。お兄さんはすぐにアツコさんのところに来て、電気代を支払ってくれましたが、その暮らしぶりや家の中のごみの様子を見て、アツコさんを強く注意しました。アツコさんにもいろいろ言い分があったので、口論となり、結局、お兄さんは怒って帰ってしまいました。

アツコさんはお兄さんを頼りにしていましたが、自分の生活に口を出されることにはがまんできません。自分はずっと働いてきて、母親からこの一軒屋を譲り受けた立派な大人なんだという自信がありました。

● 近所からの苦情

物であふれたアツコさんの家は、家の庭や玄関先にもごみがたまってきました。アツコさんは、生活が乱れ、仕事にも行っていないので、ごみ出しの日がわからなくなっていたのです。近所の人たちは、お母さんが亡くなった頃は、いろいろ手助けをしてくれていました。しかし、アツコさんの生活が乱れ、服装も不潔になってくると、近所の人からは、手助けをしてもらうときに、注意されることも多くなりました。アツコさんは、自分の生活に口を出されるのがいやなので、近所の人たちと話をしなくなってしまいました。

家のまわりにあふれたごみはひどいにおいで、ハエやゴキブリが近所の家にも飛びこむようになりました。困った近所の人たちは、民生委員に相談し、民生委員から福祉事務所に、「アツコさんのことをなんとかしてください」という相談が入りました。

支援の流れと今後に向けて

● 福祉事務所からのアドバイス

アツコさんに面会に来た福祉事務所の人は、福田さんという女性でした。アツコさんは福田さんとは気軽に話ができ、自分の健康の心配や、電気が止まったことなどを相談することができました。その後、保健所の保健師さんも相談に加わり、一緒に内科医院へ受診してみると、アツコさんはかなり重い糖尿病であることがわかりました。また、お母さんがいたときに定期的に通っていた「てんかんの病院」にも通っていないことがわかりました。

アツコさんの収入や貯金を考えると、今のお金の使い方をしていると、いつか電気代や水道代が払えなくなってしまうこともわかりました。福田さんのすすめで、アツコさんは社会福祉協議会の人に、お金の管理を手伝ってもらうことにしました。

● きれいになった家、お兄さんとの仲直り

社会福祉協議会の人にお金の管理の手伝いをしてもらうと、毎月少しずつ貯金もできるようになりました。そして、数か月後には、貯金したお金でごみ処理をお願いし、まず家のまわりと1階部分のごみをきれいにしてもらいました。2階部分は、また貯金がたまったらお願いするつもりです。きれいになった家で、福田さんのすすめで、けんかをしたお兄さんと仲直りの話し合いをしました。お兄さんはきれいに片付いた家にびっくり。一人できちんと生活するようになったアツコさんの様子を見て、「一人でよくがんばっているね」とほめてくれました。そして、「困ったことがあったら、なんでも相談していいよ」と言ってくれました。

今では、アツコさんは、週2回来てくれるヘルパーさんとそうじや洗濯をし、食事も糖尿病にあったメニューを一緒に作っています。近所の人とも、また仲良く話ができるようになり、町内会の活動にも参加しています。

体験からのキーポイント

- 一緒に暮らしながら、自分の暮らしを助けてくれていた人（両親やきょうだい）がいなくなると、お金の使い方や生活のリズムが乱れやすくなります。
- お金の使い方を相談したり、手伝ってくれるサービスが、市区町村の社会福祉協議会にあります（「日常生活自立支援事業」、東京の場合は「地域福祉権利擁護事業」といいます）。
- 生活が整い、清潔な暮らしがもどってきたら、またまわりの人が手助けをしてくれるようになります。

アツコさん（65歳）の体験の流れ

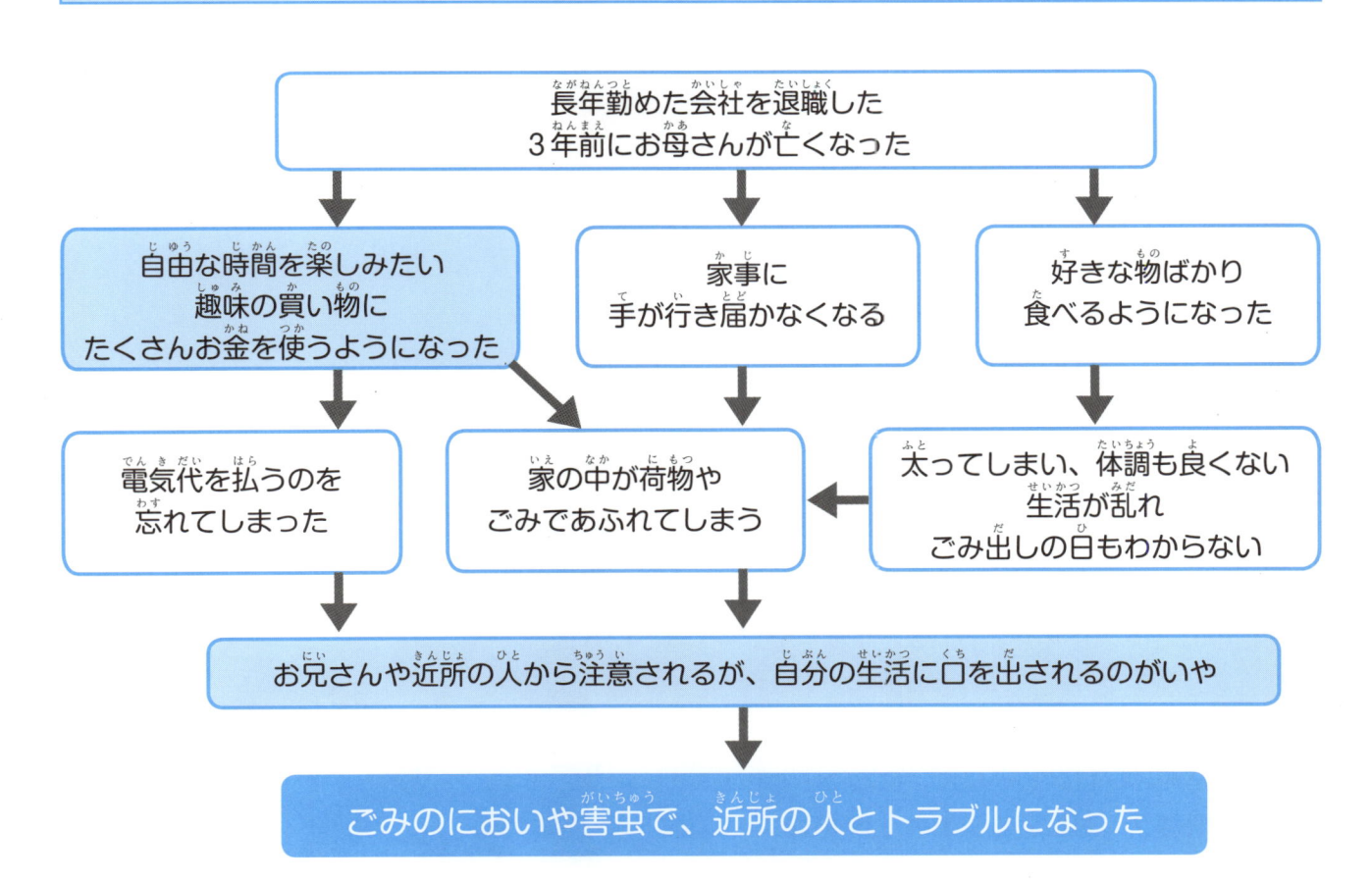

```
長年勤めた会社を退職した
3年前にお母さんが亡くなった
```
↓　　　↓　　　↓

- 自由な時間を楽しみたい　趣味の買い物にたくさんお金を使うようになった
- 家事に手が行き届かなくなる
- 好きな物ばかり食べるようになった

↓　　　↓　　　↓

- 電気代を払うのを忘れてしまった
- 家の中が荷物やごみであふれてしまう
- 太ってしまい、体調も良くない　生活が乱れ　ごみ出しの日もわからない

↓

お兄さんや近所の人から注意されるが、自分の生活に口を出されるのがいや

↓

ごみのにおいや害虫で、近所の人とトラブルになった

14 同じ障害のあるヨシエさんと結婚したハルオさん（35歳）

■ ハルオさん
・男性　35歳　ビル清掃会社に10年以上勤務。
・アパートで妻のヨシエさんと2人暮らし。

■ ハルオさんの体験とひとり暮らし便利帳から学ぼう
→　1．困ったときは　すぐ相談！！
→　4．ひとりで暮らす　2人で暮らす
→　5．お金の管理　契約の手続き
→　18．心だって　かぜをひく
→　21．1か月　いくらかかるか生活費

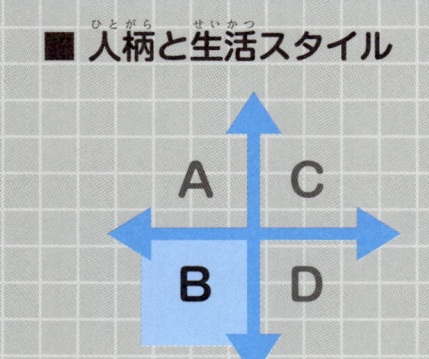

■ 人柄と生活スタイル

A｜C
―＋―
B｜D

出会いから交際、結婚へ

● ヨシエさんとの出会い

　ハルオさんは、中学校の特別支援学級卒業と同時に、おもちゃ工場に就職しました。しかし、工場の倒産により、障害者就労支援センター（地域によっては、障害者就業・生活支援センター）の支援で、ビルの清掃の仕事に転職しました。そこで、一緒に清掃の仕事をする仲間として、ヨシエさんに出会いました。一緒に仕事をしていたときは、「かわいい人だなぁ」くらいにしか思っていませんでしたが、ヨシエさんが別の現場に転勤になってからは、「ヨシエさんがいないとさびしいなぁ」と思うようになり、とても会いたくなりました。

　「どうしようかなぁ・・・・」と思っていたところ、お兄さんのミチオさんが、「なんだか変だぞ。何か悩んでいるのか？」と聞いてくれました。ハルオさんは、ヨシエさんに会いたい気持ちをお兄さんに話しました。お兄さんは、「『久しぶりに、会おうよ』って電話をしてみれば？　もし、ヨシエさんが『いいよ』って言ってくれたら、何日の何時に、どこで会うか決めるといいよ」とアドバイスしてくれました。さらに、「どこで会うのがいいか、電話をする前に考えておくとい

「ヨ、ヨシエさん？
久しぶりに会おうよ」

ガンバレ弟！

いいわよ

いよ」とも言ってくれました。ハルオさんは、一緒に仕事をしていたビルの近くなら、2人ともわかりやすいと思い、ビルの近くのファミリーレストランを会う場所に考えておくことにしました。

● 交際、そして結婚へ

　こうした準備をして、ヨシエさんの家に電話しました。初デートの実現・・・そして2人の交際は始まりました。その後、映画、遊園地、ライブなどを一緒に楽しんだり、それぞれの家におじゃましたりするほど仲良くなりました。こうして愛を育んできたハルオさんとヨシエさんは、自然と結婚を意識するようになりました。それぞれの家族に話してみましたが、ヨシエさんの両親は反対で、「今までどおりでいいじゃないか」という意見でした。このときも、応援してくれたのは、ハルオさんのお兄さんのミチオさんでした。「就労支援センターに相談してみなよ」というお兄さんの言葉をきっかけに、2人で相談に行くことにしました。障害者就労支援センターから生活支援センター「ひだまり」を紹介され、「ひだまり」の桜井さんが相談にのってくれることになりました。

　こうして、桜井さんとヨシエさんの両親がじっくり話をしたり、2人とヨシエさんの両親、ミチオさん、それに桜井さんが集まって何度も話をしました。最後は、ヨシエさんのお父さんが、「自分たちはもう年だけど、ミチオさんや桜井さんが2人を支えてくださるのであれば、娘の幸せのじゃまはしたくない。ハルオくん！　ヨシエをよろしく頼むよ！」と言ってくださり、2人は結婚することになりました。

結婚へのさまざまな準備

● 結婚への準備

　ヨシエさんのお母さんは、「料理もあまりできないし・・・」と心配していましたが、ハルオさんのお兄さんの奥さんのユミコさんが、「ヨシエさんだけじゃなくて、ハルオさんも料理ができるようになって、2人で協力していかないとね」と言って、しばらくの間、休みの日に2人に料理を教えてくれることになりました。

　結婚式、新婚旅行、新しい住まい・・・・いろいろと考えていかなければならないことがありましたが、桜井さんをはじめ、「ひだまり」の人たちとお兄さん夫婦が力を貸してくれました。新しい住まいは、お兄さん夫婦が住むハルオさんの実家に歩いて行けるところに、アパートを見つけて契約しました。洗濯機、冷蔵庫、台所用品など、新生活に必要なものも、手伝ってもらいながら買いそろえました。

● **結婚式・披露宴・新婚旅行**

　結婚式は、ヨシエさんのお母さんが、近所の教会の牧師さんに話をしておいてくれた後に、あらためて2人でお願いに行きました。披露宴は、市民会館の一室を借りて、職場の同僚や学校時代の友だちに案内を出しました。結婚式で、牧師さんに「病気のときも、苦しいことがあるときも、ずっと、ヨシエさんを大切にすることを誓いますか？」と聞かれ、ハルオさんは心から「誓います！」と答えました。「このとき、とても責任を感じた」と後で話していました。
　新婚旅行は、2人だけで飛行機や電車の時刻を調べて行くのは不安だったので、桜井さんに、「旅行ツアーの選択」と「申し込み」を手伝ってもらい、北海道旅行のツアーに参加しました。

2人での生活

● **決まりごと、お金の管理**

　こうして始まった2人の生活。仕事が早く終わるヨシエさんが買い物をして帰り、夕食の準備を始めます。そこへハルオさんが帰ってきて、お風呂の準備をしたり、洗濯を始めます。休みの日は、ハルオさんが食事当番です。台所、部屋、トイレそうじは、1か月ごとの当番と決めました。こうした「決まりごと」は、桜井さんと相談しながら決めました。
　また、お金の管理は、ヨシエさんが家計簿をつけ、月の終わりに桜井さんに見てもらっています。急な出費があるときも、桜井さんに相談しています。

● **相談します**

　「難しい手続きの書類」「大きな買い物」「契約」など、決めるのに困ったときや自信のないときは、「ひだまり」の人かお兄さん夫婦に相談しています。

　時々けんかになることもあります。そんなとき、ヨシエさんは、もっぱら「ひだまり」にグチをこぼしに行きます。いつも「もう、別れてやる！」という気持ちで行きますが、「ひだまり」で話を聞いてもらっているうちに、「やっぱり一緒にやっていこうかな‥‥」という気持ちになります。ハルオさんは、やっぱりお兄さんのミチオさんが相談役です。

みんなの体験から学ぶ 14

ハルオさんの体験から学ぶ

あなたは、結婚したいと思っていますか？
結婚したいかどうかは自分でもわからないけれど、誰か異性とつきあいたいと思っている人は多いことでしょう。今、すでにつきあっている人がいるかもしれません。

結婚・・・・それは、「協力して（力を合わせて）、一緒に生活していくこと」です。「ご飯を作ってくれる人にいてほしい。だから結婚したい」では、うまくいきません。相手にご飯を作ってもらうなら、あなたは、洗濯して、干して、とりこんで、たたんで、の仕事を2人分する、または、そうじをする・・・・というのが「協力する」ということなのです。

どちらかが働いて、もう一人が家にいればいい？　でも、今の世の中、ハルオさん夫婦のように、2人で働いて給料を稼がないと、生活していけないのが現実です。こうした現実の中で、「それでもやっぱり一緒に暮らしていきたい！」という気持ちがあるなら、プロポーズしてみましょう。相手もOKなら、家族や生活支援センターなどの力を貸してくれる人に相談しながら、結婚の準備をしていきましょう。ハルオさんたちは、「新生活の部屋探し」「新婚旅行のこと」「大きな買い物」などを相談したり、手伝ってもらいながら準備を進めていましたね。

結婚後も、「お金の管理」「難しい手続き」「契約」について何かと相談したり、手伝ってもらいながら、2人で力を合わせて暮らしています。夫婦げんかしたときも、ストレスをためこまないで、それぞれ別の人に話を聞いてもらっているというのも良いですね。

体験からのキーポイント

● 結婚したいと思っても、出会ってすぐに「結婚してください！」と言うと相手はびっくりしてしまいます。じっくりつきあって、結婚を考えていくようにしましょう。
● 結婚は、2人が協力しあって暮らしていくことです。自分が楽をしたいために結婚しても、うまくいきません。役割分担なども、2人で考えていきましょう。
● 結婚するときには、新生活の部屋探し〜契約、結婚式〜新婚旅行・・・・など。そして、結婚してからも、家計（お金）のこと、健康管理、夫婦げんか、子どもをどうするか・・・・など。家族をもつと、手続きが難しいこと、めんどうなことがたくさんあります。そんなとき、手伝ってくれる人、相談にのってくれる人、話を聞いてくれる人はとても大切なのです。

第2章

ひとり暮らし便利帳

　ひとり暮らしでは、食事はもちろん、お金の管理や健康管理も自分で行わなければなりません。この章では、健康で、安全で安心なひとり暮らしをするためのヒント（①暮らしの基本、②日々の暮らし、③暮らしの安全、④人間関係、⑤余暇と趣味）を紹介します。

　ひとり暮らしを始める前に、あるいはひとり暮らしを始めて困ったときや問題が起こったときに、この便利帳を読んで、参考にしてください。

　また、家族と暮らしている人や、グループホームで暮らしている人にも役立つことがたくさん書いてあるので、ぜひ読んでみてください。

1. 困ったときは　すぐ相談！！

両親からひとり立ちをめざしているあなた、ひとり暮らしでがんばっている君、困ったときにすぐ相談できることが、自立した大人にとって大切なことです。

❶ 自分の健康について相談する

かぜを引いて体調が良くないときに、気軽に行ける近所の病院を見つけておきましょう。

❷ お金に困ったら

趣味や遊びでお金を使いすぎてしまったとき、高い買い物をして毎月のローン返済が大変なとき、お金がなくて困ったときは、お説教されるかもしれませんが、まず両親やきょうだいに相談します。

さらに、障害者就業・生活支援センターや相談支援事業所、福祉事務所に相談すれば、良い解決方法を教えてくれるはずです。

❸ 仕事がつらくなったり、会社の同僚との関係に悩んだら

まずは職場の上司に相談。上司や作業所の職員に相談しにくいときは、福祉事務所や相談支援事業所の人に相談します。特に、人間関係の悩みは難しいので、一人で抱えこまないことが大切です。

❹ しつこい誘いに困ったら

「品物を買ってほしい」「新聞を契約してほしい」「勉強会に参加してほしい」「宗教の集まりに来てほしい」「お金を貸してほしい」「将来もうかるので、お金を預けてほしい」‥‥興味がないのに、しつこく誘われたり、何度も電話がかかってきたら、すぐに両親やきょうだい、障害者就業・生活支援センターや相談支援事業所、福祉事務所の人に相談しましょう。

❺ こわい思いをした、暴力を受けた、セクハラをされたら

まずは警察に相談。近くに警察署がなければ、交番の警察官に相談しましょう。信頼できる人に話すことも大切です。会社や作業所の中で起きたことなら、職場の上司や職員にすぐに相談します。

❻ 両親の様子が急に変わったら

お父さん、お母さんが急に物忘れがひどくなったり、料理やそうじができなくなったとき。久しぶりに実家に帰ったら、家中がごみだらけで汚れていたとき‥‥こんなときも、きょうだいや障害者就業・生活支援センターや相談支援事業所、福祉事務所の人に相談しましょう。

2. ひとり暮らしの SOS

ひとり暮らしを始めてみたけれど、仕事につかれて、そうじや洗濯ができないと悩んでいるあなた。新しい暮らしに慣れるまで、助けてくれる制度があります。

❶ ホームヘルパーを頼む

相談支援事業所や福祉事務所の人に相談すると、週に1回か2回、平日の夕方や休日にホームヘルパーさんが来て、そうじ、洗濯、夕食の支度などを手伝ってくれます。ひとり暮らしに慣れて、一人でできるようになるまで手伝ってもらいましょう。ごみの出し方や洗濯物の干し方も教えてもらえます。

「こうして両端をしっかりとめて…」

❷ 近所に知り合いがいなくて不安

新しい場所での生活は緊張します。近所に顔見知りの人がいないと、気軽に相談できる人もいません。そんなときは、相談支援事業所や福祉事務所に相談して、町内会の役員や民生委員の人を紹介してもらいましょう。時々声をかけてくれたり、近所の人とうまくつきあえるように助けてくれます。

❸ アイドルのコンサートに行きたい！！

今まで両親がつきあってくれていたコンサートに、一人では行く自信がありません。そんなときも、相談支援事業所や福祉事務所の人に相談してみましょう。ガイドヘルパーさんが、あなたの外出につきあってくれます。長いコンサートでも、ちゃんと待っていてくれます。

❹ 両親やきょうだいとの連絡を大切に

やっとひとり立ちしたのだから、両親やきょうだいには、あまり連絡をとりたくないなんて思っていませんか？　両親やきょうだいは、あなたが困ったときに、強い味方になってくれる大切な存在です。何も伝えることがなくても、週に1回くらいは電話やメールをして、ひとり暮らしであった出来事や、不安なことを、できるだけ家族に伝えるようにしましょう。

すぐに問題が解決しなくても、あなたの考えていることや、悩みを知っている人がいることは、とても大切で、心強いことです。

ひとり暮らし便利帳　①　暮らしの基本

3. スケジュールの 上手な管理

待ち合わせ時間をまちがえて、友だちに迷惑をかけてしまった。ごみの日をまちがえて近所の人に注意された‥‥。スケジュールを上手に管理する工夫を紹介します。

❶ 書きこめるカレンダーがおすすめ

日付の横にメモできる大きめのカレンダーを、部屋の見やすい場所にかけましょう。そして、仕事に関係したことは黒色のペン、友だちと遊ぶ約束は青色のペン、お金の支払いや銀行に行く日などお金に関係することは赤色のペンで予定を書きこむと、とてもわかりやすくなります。

ボールペンで書いた横に、色別のシールをはる方法でも良いです。日曜日の夜に、次の1週間分を書くようにすれば、書き忘れることもありません。

❷ いつもメモ帳を持ち歩こう

「人から言われた大切なこと」「待ち合わせの時間や場所」など、大切なことを聞いたら、その場でメモ帳に書いておきましょう。大切な予定や約束は、家に帰ってから部屋のカレンダーに書き移しておけば、約束を忘れることもありません。

メモするのが苦手な人は、相手の人に頼んでメモ帳に書いてもらいましょう。

❸ 携帯電話を活用しよう

携帯電話には、カレンダー機能がついています。1年間の中で大切な日（家族や親友の誕生日、両親の結婚記念日など）を登録すれば、1週間くらい前から教えてくれます。これも部屋のカレンダーと一緒に活用してみてください。また、1日の中で大切な時間（友だちとの待ち合わせの時間など）も、登録しておけば携帯電話が教えてくれます。

❹ 大切な情報を管理する‥‥「大切帳」を作ろう

携帯電話には、大切な情報がたくさん入っています。職場の住所と電話番号、自分がよく行く病院の名前と電話番号、友だちの電話番号‥‥。これらは携帯電話を見ればすぐにわかりますが、もし、携帯電話をなくしてしまったら、すべてわからなくなってしまいます。携帯電話に記録してある情報の中で、特に大切な情報は、「大切帳」を1つ作ってそこへ記入し、自宅に保管しておきましょう。

そこには、銀行の口座番号や保険証番号と、それらをなくしたときの連絡先も記入しておくと良いでしょう。この大切帳は、絶対になくしてはいけないので、家のタンスや本だな、机の引き出しなどに大切に保管しておきます。

4. ひとりで暮らす 2人で暮らす

自宅やグループホームを出てひとり暮らしをしようとしているあなた、2人での暮らしを考えているカップルのために、家を借りる方法を整理しました。

❶ まず相談

「契約」は、一人だけでの判断は危険です。必ず信頼できる人に相談するか、一緒に行ってもらうようにしましょう。

❷ 家を探す

勤め先までの通勤時間など、住みたい家の希望をメモに書いてから、インターネットや雑誌を見たり、不動産屋さんに相談します。

1. 使う駅は？
2. 駅から家までは歩いて何分？
3. 家賃はいくらまで？
4. 部屋の広さはどれくらい？
5. 日当たりは？
6. 家のまわりに何がある？

❸ 契約と保証人

家を借りる「契約」をするときは、「保証人」が必要です。両親やきょうだい、相談支援事業所や福祉事務所の人など、信頼できる人に相談して「保証人」を探すのを手伝ってもらいましょう。

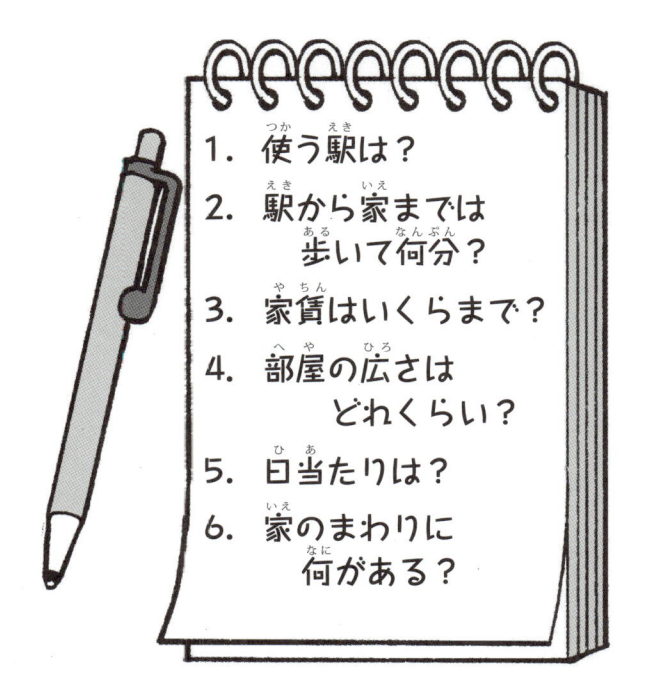

❹ 手続きにかかるお金

家を借りるとき、家賃のほかに、家賃の3倍くらいのお金が「手続き費用」として必要です。家を借りる前に、十分なお金を準備しておきましょう。

> 保証人がいないと契約できませんよ

❺ 公営住宅を上手に探そう

所得が低い人向けの公営住宅の募集が、年に数回あります。安くて部屋が広いため、希望者がたくさんいて抽選で借り手を決めます。「応募用紙」には、たくさん書き込むところがあります。

手帳を持っていると有利な場合もあるので、希望する場合、家族や相談支援事業所や福祉事務所の人に相談して、記入を手伝ってもらいましょう。

ひとり暮らし便利帳 ① 暮らしの基本

5. お金の管理　契約の手続き

お金の管理に自信がない。契約のためには、「保証人」が必要だと言われた・・・・。こんな悩みをもっているあなたに、相談先と解決方法を整理しました。

❶ お金の管理を手伝ってもらおう

グループホームでは世話人の人が手伝ってくれたけれど、ひとり暮らしを始めたら、お金のことを相談できる人がいなくなった・・・。そんなときは、相談支援事業所や福祉事務所の人に相談しましょう。日常生活自立支援事業や成年後見制度の利用を一緒に考えてくれます。

❷ 「日常生活自立支援事業」や「成年後見制度」とは？

お金の管理や、部屋を借りるときの契約を手伝ってくれます。これ以外の方法もあるので、まずは障害者就業・生活支援センターや相談支援事業所、福祉事務所の人に相談してみましょう。

❸ お金の管理を頼みたいけれど、お金や通帳を知らない人に預けるのは心配

成年後見制度や日常生活自立支援事業では、家庭裁判所や地元の社会福祉協議会が信頼できる人を選んでくれるので、安心してお金を預けることができます。必要なお小づかいの金額は、相談しながら決めることができます。

また、高額な買い物も、相談しながら安全に買うことができます。お金の管理をお願いすれば、だまされたり、大きな借金をして苦しむこともありません。

❹ 「保証人がいないと契約できない」と言われてしまった

部屋を借りるとき、入院するときなどに「保証人」を求められることがあります。まず両親やきょうだいに相談しますが、事情があって家族が「保証人」になれない場合には、相談支援事業所や福祉事務所の人に相談しましょう。

❺ お金や土地・家などに関係する疑問を相談したい

次のような悩みがあったら、まず、相談支援事業所や福祉事務所の人に相談してみましょう。
・両親が亡くなった場合の相続の手続き
・両親が住んでいた家を売るように誘われている
・生命保険に入った方が良いか　など

6. おしゃれ そして身だしなみ

「オン」と「オフ」を使い分けて、おしゃれを上手に楽しみましょう。そのとき、身だしなみに気を配ることを、忘れないようにしましょう。

❶ 「おしゃれ」と「身だしなみ」のちがいは？

「おしゃれ」は自分を満足させるためのもの、「身だしなみ」は相手をいやな気分にさせないためのもの。休みの日などの自由な時間は、好きな服を着て、「おしゃれ」を楽しみましょう。でも、いつも「身だしなみ」に気をつけることが大切です。

❷ 上手におしゃれをしよう

派手な洋服を買っても、着ることができるのは限られた場面です。いろいろな場面で着まわせるような洋服を買った方が、自分でおしゃれの工夫ができるし、洋服代の節約にもなります。ネックレスや指輪、ピアスなどのアクセサリーも同じで、大きくないもの、派手でないものが、洋服に合わせやすく、いろいろな場面で身につけられます。

❸ 「オン」と「オフ」を使い分けよう

仕事の時間やきちんとしなければならない時間のことを「オン」、遊ぶ時間など気楽にすごせる時間のことを「オフ」といいます。服装やお化粧、髪型などを工夫して、「オン」と「オフ」を上手に切り替えると良いでしょう。

❹ いつでも「身だしなみ」を

せっかく「おしゃれ」をしても、「身だしなみ」ができていなければ台なしです。「身だしなみ」に、自然と気を配れるようになりましょう。

・髪は清潔にして、ふけや寝ぐせなどがないようにする。ワックスなどの整髪料は控えめにつける。
・爪は伸びすぎないように、定期的に切ってそろえる。こまめに手洗いをして清潔にしておく。
・毎日歯磨きをして、汚れもにおいもしっかり落とす。
・洋服を着るときは、ボタンのかけちがいやファスナーのしめ忘れなどに気をつける。
・「おしゃれ」のつもりでも、相手をいやな気分にさせてしまうことがある。香水のつけすぎや、ヘアースプレーのにおいにも気を配る。

ひとり暮らし便利帳 ② 日々の暮らし

7. 服やくつ 自分で買って自分で保管

気に入った洋服やくつを見つけたら、まず試着して、自分の体に合ったサイズを買おう。しっかり手入れをして、大切に保管すれば、長い間身につけることができます。

❶ 自分に合ったサイズを買おう

「ブカブカ」や「ピチピチ」はかっこう悪いし、良い身だしなみではありません。洋服を選ぶときは、実際に試着してから買うようにしましょう。洋服のサイズは、小さい順にS、M、Lが基本です。女性用の「○号」という表示や、男性用スーツの「Y、A、AB、B体」などの表示もあります。まず、いつもの自分のサイズから試着して、体に合ったサイズを買いましょう。

くつのサイズは「○○．○（cm）」が基本です。気に入ったくつがあったら、店員さんに自分のサイズを伝えてはいてみましょう。足の横幅に合わせて「EE、EEE」という表示のあるくつもあります。

❷ 買ったものを手入れしよう

1）洗濯する

- 洋服についている表示（タグ）を確認して、水洗いできるものを洗濯する。スーツやダウンジャケットなどの水洗いできないものは、クリーニングに出す。
- 色落ちしそうなものやケバケバしたものは、ほかの洗濯物に色や毛がつくので、別にして洗う。
- 洗剤や柔軟剤は、入れすぎに注意する。
- 乾燥機を使うと、服が縮んだり傷むことがある。
- 部屋干しが多い場合、部屋干し専用の洗剤を使う。生乾きのいやなにおいをおさえる効果がある。

2）保管する

- 洗濯したら、すぐに着るものは出し入れしやすい場所に保管する。ワイシャツなどは、しわにならないようにハンガーにかけておく。Tシャツや下着などは、たたんでクローゼットにしまう。
- クリーニングから戻ってきた洋服は、ビニールから出して保管する。ふだん着ない洋服や、季節ごとに着る洋服は、収納ボックスに防虫剤を入れて保管する。

3）くつの手入れ

- くつには、洗えるものと洗えないものがある。洗えるものは洗濯用洗剤を使って水洗いし、洗えないものは布や専用のブラシで汚れを落とす。
- くつの手入れには、革ぐつ用のクリームやワックスを使う。
- 雨にぬれたときは、外側をふいてから、丸めた新聞紙をくつの中に一晩入れて、湿気をとってから手入れをする。

8. 健康につながる 食事

あなたの体は、あなたの食べたものでできています。食事は健康な体づくりの基本なので、ひとり暮らしでは、食事の管理が大切です。

❶ とりたい栄養素＝3色をバランス良く

健康でいるためには、下の表にある食材をバランス良く食べることが大切です。毎日好きなものばかり食べていたり、いつも同じものばかり食べていると、肌あれやつかれやすいなどの体調不良を起こします。さらに、生活習慣病といわれる病気の原因にもなります。

特に、外食が中心の人は、下の表の「緑の食品群」の食材が不足しやすいので、意識して野菜を食べるようにしましょう。野菜をたくさん食べるには、温野菜が最適です。そのままゆでるか、電子レンジで簡単に調理できます。ラップに小分けして冷凍保存すれば、毎日少しずつ食べることもできます。

分 類	役 割	食 材	主な栄養素
赤の食品群	筋肉や血液を作る	肉、魚、大豆製品、卵、牛乳など	たんぱく質
黄色の食品群	力や体温になる	ご飯、パン、麺、芋、トウモロコシなど	糖質、脂質
緑の食品群	体の調子を整える	野菜、くだもの、海藻など	ビタミン、ミネラル、食物せんい

❷ 糖分、塩分、脂肪のとりすぎに注意

上の表の「赤の食品群」や「黄色の食品群」ばかり食べていると、糖尿病や高血圧といった生活習慣病になりやすい体になってしまいます。特に、糖分や塩分、脂肪のとりすぎには気をつけましょう。

・清涼飲料水には糖分がたくさん入っていて、角砂糖10個分より多いものもある。

・カップ麺には、たくさんの塩分と脂肪が入っている。1日に必要な塩分と脂肪の半分以上が、カップ麺1個に含まれている。

・調味料では、塩、しょうゆ、みそ、マヨネーズの使いすぎに注意。

9. 無理をしないで うちごはん

　外食は、お金もかかるし野菜やくだものが不足しがちです。バランスの良い食事をとるなら「うちごはん」が一番。無理をしないで「うちごはん」を続けましょう。

❶ ご飯を炊こう

　ご飯には、さまざまな栄養素が含まれています。多めに炊いて、一食分ずつラップにくるんで冷凍庫に保存しておけば、電子レンジで解凍して、いつでもご飯が食べられます。また、パンや麺類も、ビニール袋に入れて冷凍保存できます。

> これで1週間は大丈夫

❷ 「うちごはん」は朝食から

　定番のご飯にみそ汁、納豆で朝食の完成。パン食だったら、トーストに野菜ジュース、それにヨーグルトで完成。

❸ 自分で作るのが難しい料理は・・・・

- 野菜をたっぷり入れた具だくさんみそ汁は、それだけで立派なおかず。だし入りみそを使って味付けも簡単。みそは塩分が多いので、入れすぎに注意。
- コロッケや天ぷらなどのあげ物は、スーパーや弁当屋で買おう。あげ物には脂肪が多いので、食べすぎには注意。
- カレーや中華丼が食べたくなったら、市販のレトルトを買ってこよう。冷凍ごはんを解凍してすぐに食べられるし、外食するよりずっと安い。
- たまに食べたくなるインスタントラーメンには、野菜と肉を入れてみよう。簡単に栄養バランスのとれた1食分ができあがり。

※市販の冷凍食品やレトルト食品をいくつか保存しておくと、「うちごはん」も楽になります。

❹ 超簡単レシピを考えよう

　「時間がないとき」や「疲れてめんどうなとき」に役立つ超簡単レシピを、いくつか考えておきましょう。

❺ 電子レンジをフル活用しよう

　電子レンジを使えば、冷めたものを温めたり、多めに作って冷凍しておいたおかずも、解凍してすぐに食べられます。また、電子レンジだけで作れる料理が、いろいろな本やホームページで紹介されているので、自分の好きな料理をさがして作ってみましょう。

> あたため、調理、冷凍食品の解凍…いろいろ便利だなあ！

10. 栄養を考え 上手に外食

疲れていたり、時間がなくて、自宅でご飯を作れないときは、外食を上手に利用しましょう。でも、外食と弁当頼みにならないように。

❶ 外食は栄養バランスの工夫が大切

1食500円くらいの外食も、うまくさがせば牛丼だけでなく、ラーメン、チャーハン、パスタにドリア、それにお寿司だってあります。ただし、昼も夜も毎日食べていたら、お金もかかるし、栄養バランスも心配です。

下の表のように、上手におかずを組み合わせれば、栄養バランスも良くなります。

主食	おかず
牛丼、カレー	サラダや漬けものなどの野菜のトッピング
ハンバーガー、サンドイッチ	サラダや野菜ジュースなど
コンビニの弁当	サラダや、煮物などの野菜を使ったお惣菜

❷ 外食の注意点

外食や弁当は、ひと口食べて「おいしい」と感じるように、濃いめの味付けがしてあります。また、傷みにくい焼き物やあげ物が多く、塩分、脂肪が高めです。反対に、野菜や豆類、くだものなどが少ないため、ビタミンや食物せんいが不足しがちです。

外食ばかりしていると、生活習慣病や肥満、便秘の原因にもなります。

❸ 外食するときの工夫

単品メニューよりも、1〜2品の野菜のついた定食（セット）の方が栄養バランスが良いです。ラーメンや牛丼などは、手軽でおなかもふくれますが、きんぴらや野菜の煮物、サラダなどを一品追加して、栄養のバランスをとりましょう。

また、ラーメンやうどんのスープ、多めに盛られた弁当は、少し残せば、塩分と脂肪を控えることができ、「生活習慣病」の予防になります。

単品よりも野菜のついた定食を！

半分残してカロリー・塩分調節

ひとり暮らし便利帳 ② 日々の暮らし

11. 備えておこう　病人食

ひとり暮らしで一番心配なのは、急に病気になったときです。そのときのために、「病人食」を準備しておきましょう。

❶ 3日分の病人食を用意しよう

体調が悪いときは、食事を作るのも、外食に出かけるのも大変です。病気になったときのために、常備薬と同じように「病人食」も用意しておきましょう。かぜがなおるまでの日数を考えて、3日分の食べ物や飲み物を準備しておきます。

また、熱が出たり、げりをしたときは、水分をしっかりとることが大切です。水やお茶よりも、スポーツドリンクの方が体に吸収されやすいので、常温か少し温めてこまめに水分補給しましょう。

❷ ゼリー飲料、栄養ドリンク

食欲がないからといって、まったく食べないのは良くありません。食べやすく、消化吸収の良いゼリー飲料や栄養ドリンクは、食欲がないときに役立ちます。

❸ レトルトのおかゆ、冷凍うどん

少し食欲が出てきたら、普通の食事に近い、消化の良い食事をしましょう。おかゆややわらかく煮たうどんなどが食べやすいです。レトルトのおかゆも市販されているので、3食分くらい常備しておくと良いでしょう。胃や腸の調子が悪いときにも食べられます。

❹ その他の保存食

買い物や外食が難しいときに備えて、缶づめやレトルト食品、冷凍食品を何食分か備蓄しておきましょう。ただし、保管するときは、賞味期限に気をつけます。

12. そうじをして 健康で安全に

　毎日の生活で使う場所は、定期的にそうじをして清潔に。油断していると、カーペットや部屋のすみにハウスダストがいっぱい。アレルギーも心配です。

❶ そうじをしよう

1）部屋のそうじ
- ふだんから床に物を置かないようにすると、そうじ機がかけやすい。洋服はハンガーに、本は本だなに、アクセサリーなどの小物は、箱やトレイにしまうようにする。
- たなの上のほこりにも注意。ハンディモップでこまめにそうじするのが便利。ほこりがたまったときは、ハンドクリーナーで吸い取る。

2）お風呂のそうじ
- お風呂に入るときに、一緒にそうじすればめんどうくさくない。浴そうは毎日、お風呂場全体も週に1回はそうじしよう。
- 細かいところは、古くなった歯ブラシでみがくと、きれいになる。
- お風呂場は、カビが生えやすいので、専用の洗剤を使って時々カビ取りをする。

3）トイレのそうじ
- 専用の洗剤やブラシを使って、週に1回はそうじする。
- ウェットティッシュタイプの、ふきとりペーパーはこまめに使えて便利。
- トイレタンクの上に置くだけのトイレ洗浄剤も効果的。

4）台所のそうじ
- 油汚れは落ちにくいので、油を使ったら、専用洗剤ですぐそうじしよう。
- シンクなどの水まわりは、ふきんでふいて、清潔にしておく。
- 換気扇はフィルター交換を定期的に行う。半年に1回は分解して油汚れを落とそう。

❷ そうじで気をつけること

- 「まぜるな危険」と表示のある洗剤は、絶対にほかの洗剤と一緒に使わないこと。混ざると有毒ガスが発生し危険なので、使う洗剤は1つだけにする。
- そうじのとき、コンセントなどの電気器具をぬれた手でさわったり、水がかかったりすると、ろう電が起こり、感電や火災の原因になる。ぬれた手では、絶対に電気器具をさわらないようにする。

ひとり暮らし便利帳　②　日々の暮らし

13. 住まいのトラブル　あわてない

　毎日当たり前のように使っている水、電気、ガス。突然使えなくなっても、あわてないで、しっかり対処していきましょう。

❶ 水まわりのトラブル

1) トイレがつまったら
・ラバーカップを用意する（ホームセンターなどで売っている）。
・ラバーカップの先が隠れる程度に便器に水をためる。
・ラバーカップの先を便器に入れ、排水口めがけて静かに押して、力を入れてグッと引くことをくりかえす。

2) お風呂や台所、洗面台の排水口がつまったら
・排水口のネットやふたを外す。
・排水口にたまっているごみを取る。

3) 水が止まらくなったら
・トイレならトイレタンクの裏や下、台所なら流し台の下にある元栓をしめる。
⇒部品がこわれているかもしれないので、管理人さんや水道業者に連絡する。

❷ 電気・ガスのトラブル

1) ガスくさい！
・ガスコンロやストーブを使っていたら、すぐに消す。
・窓やドアを大きく開けてから、ガスの元栓をしめる。
※換気扇や電気のスイッチには、絶対さわらない！
⇒管理人さんやガス業者にすぐ連絡する。

2) 電気が急に消えた！　停電？
・電気の使いすぎが原因かもしれないので、使っていた電化製品のスイッチをいくつか切る。
・ブレーカー（玄関の上の方にある）を確認する。スイッチが下におりて「切」になっていたら、上にあげて通電する。（いつも決まった場所に懐中電灯を置いておけば、暗くなっても大丈夫。）

❸ 連絡しよう

　水もれやガスもれなどのときは、すぐ修理業者に連絡します。アパートやマンションの場合は、まず管理人さんに連絡するようにしましょう。業者によって、修理の値段が大幅にちがうこともあるので、信頼できる人と相談しながら、対応を決めるようにしましょう。

14. エコな暮らしを 始めよう

「エコ」とは「環境のことを考える」ということです。これからの地球のことを考えて、少しずつ環境に気を配った生活（エコ・ライフ）を送りましょう。

❶ 身近な環境問題

地球の温度が上がる（温暖化）、石油などの資源がなくなる、ごみが増えすぎて処理できない、空気が汚れる、食糧がなくなるなど、あなたの身近にはさまざまな環境問題があります。

❷ ごみを分別してリサイクル

ごみをきちんと分別して捨てると、例えば牛乳パックはトイレットペーパーに、ペットボトルは洋服の素材などに、プラスチックはまた別のプラスチック製品に生まれ変わります。これを「リサイクル」といいます。

分別できるようにごみ箱をいくつか用意すると、ごみ出しのときに便利です。ごみをなるべく出さないように工夫するのも、大切なことです。

❸ 電気・水は大切に使おう

電気は、石油などの大切な資源から作られます。テレビやパソコン、人がいない場所の電気やエアコンなどを、こまめに消す習慣をつけましょう。電源が自動で切れるタイマー機能を使うのも効果的です。

水も貴重な資源です。歯みがきや食器洗いのときには、水を流しっぱなしにしないようにしましょう。

食器についた油汚れは、ティッシュやキッチンペーパーでふき取れば、たくさんの水が節約できます。また、洗いおけにつけ置きしておくのも効果的。お風呂の残り湯を、洗濯に使うこともおすすめです。

電気と水を大切に使うことは、「エコ」なだけでなく、電気料金や水道料金の節約にもなります。

❹ レジ袋を断ろう

スーパーやコンビニのレジ袋は、石油からできています。レジ袋を断って「エコバッグ」を使えば、資源の節約にもなるし、ごみを減らすことにもなります。レジ袋を断ると買い物ポイントのたまるスーパーもあります。

15. 日々の健康　自分で守ろう

　ひとり暮らしでは、健康を気づかってくれる家族がいないので、自分で自分の体や体調に気を配ることが必要です。

❶ 気ままなひとり暮らしの落とし穴

　ひとり暮らしを始めると、やりたいことがたくさんあって、ついつい自由を満喫してしまいます。しかし、生活が乱れて不健康な体になってしまったら、楽しい生活も充実した仕事もできなくなってしまいます。

　好きなときに好きなものを食べ、好きなときに寝る。そして、好きなだけゲームをやる・・・・。栄養バランスの悪い食事や、生活のリズムがくずれると、病気や体調不良になってしまいます。

❷ 健康の基本は規則正しい生活

- 睡眠時間をきちんととる。
- 食事は1日3回、栄養バランスを考えて。
- 寝る直前に、食事やおやつを食べない。
- お酒を飲みすぎない。
- 運動不足にならない。
- 疲れたり体調が悪いときは、無理をしないで早めに寝るなどして休養をとる。

❸ 体調アップに取り組もう

　例えば、「便秘」のある人は、水分を多めにとることや、食物せんいの多いもの（野菜、きのこ、海藻、くだものなど）を意識して食べる。「肩こり・腰痛」のある人は、ストレッチなどの適度な運動を始めてみるのも良いでしょう。

❹ がまんしたり、放置しないですぐ病院へ

　「熱が下がらない」「痛みが引かない」「理由もなく体がだるくて、疲れがとれない」というときは、大きな病気にかかっているかもしれません。こんなときは、一人でがまんしないで、病院へ行きましょう。迷ったときは、家族や信頼できる人に相談します。

16. 備えておこう 救急用品

病気や体調の悪いとき、どんな対応をすれば良いかを整理しました。かぜ薬やぬり薬、包帯などの救急用品を常備しておきましょう。

❶ よくある病気や体調が悪いとき

1）かぜ
「かぜ薬」を飲み、たっぷり睡眠をとります。また、温かい飲み物やスープを飲んで、体を温めましょう。ただし、急な高熱など、インフルエンザが疑われるときは、すぐに病院へ。

2）げり
「整腸薬」を飲み、少し温めたスポーツドリンクを飲んで、しっかり水分補給します。冷たいものや消化の悪いものは食べないようにします。症状が改善しないときは病院へ行きましょう。

3）頭痛
「鎮痛薬」（頭痛薬）を飲んでも痛みがなくならないときや、はじめての痛みのときは、無理をしないで病院へ行きます。

❷ けがをしたとき

1）すり傷・切り傷
水道の流水で、砂や泥が入りこんだ傷口の中まで洗い、消毒をしてからばんそうこうなどで傷口をガードします。

2）やけど
オーブントースターにちょっとふれたような小さなやけどの場合、やけどをしたところに水道の流水をかけて、痛みが引くまで冷やします。水ぶくれができてもつぶさないようにします。熱湯や油を、手や足に大きくかけてしまった場合、水道やシャワーなどで15～30分冷やします。服の上からやけどをしたときは、服をぬがずに、服の上から冷やします。やけどが大きかったり、痛みが引かない場合は、すぐに病院へ行きましょう。

❸ こんなときはすぐ病院へ

・「高熱」が出て熱が下がらない
・大きな「やけど」や「けが」をした
・体が だるくて、疲れがとれないことが続く
・「痛み」が続く、ひどくなる
・原因不明の「発疹」（ブツブツ）が出た

❹ 救急用品などのチェックリスト・・・・救急箱に入れておこう

□かぜ薬　□整腸薬　□胃薬　□解熱鎮痛薬　□便秘薬
□体温計　□消毒液　□包帯　□ばんそうこう

17. 病院で みてもらおう

病院へ行くときにあわてないように、持っていくものや、医師に伝える言葉を考えておきましょう。

❶ 近所の病院をチェック

いざ病気になったときのために、家の近くにある内科、外科、歯科、眼科、耳鼻科などの病院を調べておこう。

❷ 病院へ持っていくもの

1）持っていたら必ず用意するもの
・健康保険証　・お薬手帳（薬局でもらえます）
・現金（多めに持っていく）
・診察券（かかったことのある病院）
・症状が出てから飲んだ薬

★あれば必ず持って行こう！
健康保険証　現金（多めに）
診察券　お薬手帳　症状が出てから飲んだ市販薬

2）そのほかに持って行くもの
・マスク　・ハンカチ　・ティッシュ　・メモ帳　・筆記用具

3）服装
・診察や検査、注射のときに着脱しやすい服装。
・肌や爪の色がわかるように化粧はうすめに。香水やオーデコロンはつけない。

4）待合室では
・ほかの人にかぜをうつしたり、うつされないためにマスクをする。
・待合室では、携帯電話の電源を切る。
・私語はつつしんで、静かに順番を待つ。

5）よく聞かれる質問に準備しよう
・「今、どんな症状ですか？」
・「それはいつからですか？」
・「今、飲んでいる薬はありますか？」
・「これまでに、大きな病気にかかったことがありますか？」
・「アレルギーはありますか？」
・「これまでに、薬を飲んでじんましんが出たり、体調が悪くなったことはありますか？」

6）処方せん
処方せんが出たら、処方せん薬局に行って、薬を出してもらいます。薬局では、薬の種類や飲み方を説明してくれるので、注意して聞きましょう。

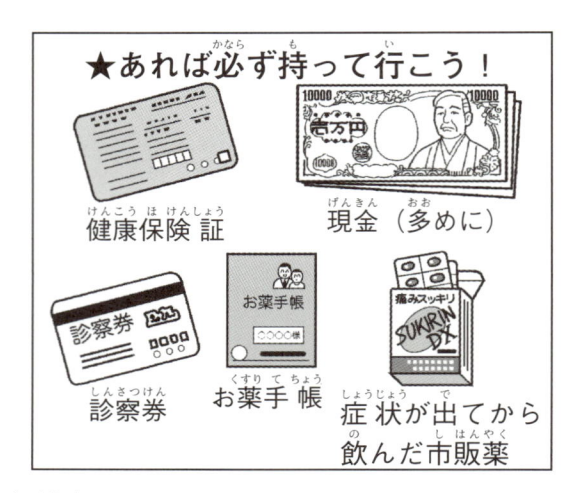

18. 心だって かぜをひく

　健康的に仕事を続けて生活していくためには、ストレスをためないで発散しましょう。ストレスと上手につきあう自分なりの方法を見つけることが大切です。

❶ ストレスとは

　試験がある、上司に注意された、新たな仕事に取り組むときなど、私たちの毎日の生活の中には、心や体、行動に影響を与える「ストレス」があります。

　過度なストレスや長時間のストレスは、私たちにとって大きな負担となりますが、適度なストレスは、がんばっていくための力になります。

❷ ストレス解消法を1つか2つは身につけよう

例えば・・・・
- 「一人でカラオケ」に行って、好きな曲を好きなだけ歌ってリフレッシュ。自分の応援ソングは○○だ！
- 「ジョギングやジム通い」をして、いい汗をかいて気分すっきり。
- 「旅行」をして、いつもとちがう場所で、ちがう時間をすごして心のリセット。おいしい食事で、おなかも心も大満足。
- 「部屋の大そうじ」をして、心にたまったモヤモヤも一緒にはき出しリフレッシュ。
- 「読書」をして、本の世界に入りこんで心の充電。
- 「話せる親友や家族に長電話」をしてストレス発散。

❸ がんばりすぎず、誰かに話そう

　「こうしなければ」という自分の思いこみでがんばりすぎたり、不安になったりしていることがありませんか？
　誰かと話すと、同じことでも「受けとめ方」や「見方」によって、まったくちがった考え方になることがわかります。心も体も疲れきって、どうしても元気が出ないときは、「気分転換」ではなく、休んだ方が良い場合もあります。家族など信頼できる人や、相談支援事業所や福祉事務所の人に相談し、話を聞いてもらって助けてもらいましょう。

19. お金と上手に つきあおう

　生きていくために、楽しく暮らしていくために、お金はとても大切です。楽しく旅行に行ったけれど、お金を全部使ってしまって、パンも買えないのでは困ります。

❶ お金に対してどんなタイプ？

1）高価な物を買ったり、旅行したわけでもないのに、いつの間にかお金がたりなくなってしまう
　⇒ **キリギリスさんタイプ**

2）高価なものを買ったり、旅行やお金のかかる遊びをすることが多く、お金がたりなくなってしまう　⇒ **チョウチョさんタイプ**

3）あまりお金は使わない。しっかり貯金するタイプ　⇒ **アリさんタイプ**

❷ キリギリスさんタイプ

　ちょっとしたものしか買っていないけれど、回数が多いと、けっこうな金額になってしまいます。ことわざの「ちりもつもれば、山となる」というやつです。
　例えば・・・1本 150 円のペットボトルと 100 円のお菓子を毎日買うとして、
　　1日では？　150 円＋ 100 円＝ 250 円　　**1か月では？**　250 円 × 30 日＝ 7,500 円
　　1年では？　250 円 × 365 日＝ 91,250 円　・・・・なんと 10 万円近くになります。
　「自分はどれくらい使っているのだろう？」そう思ったキリギリスさんタイプは、ぜひ「小づかい帳」をつけてみてください。

❸ チョウチョさんタイプ

　買うものや旅行を、もう少しお金のかからないものにしてみましょう。また、買うものの数や、旅行の回数を減らせば、少しずつお金がたまってきます。

❹ アリさんタイプ

　貯金はだいぶたまりましたか？「年1回の旅行」や「誕生日に自分へのプレゼント」など、がんばった自分に「ごほうび」を考えて、お金を使うことも大切です。

20. あなたのお金は どこから？

入ってくるお金を「収入」といいます。毎月の「生活費」を決めて生活していくためには、まず収入を知ることが大切です。

❶ 収入

入ってくるお金を「収入」といいます。あなたの収入はどこから？　会社で働いている人は「給料」で、多くの人は月1回。中には賞与（ボーナス）のある人もいます。施設や作業所で働いている人の収入は「工賃」といいます。収入が「生活保護」という人もいるでしょう。また、給料・工賃・生活保護のほかに、「年金」や「手当」の収入のある人もいます。

❷ 給料明細

働いて給料をもらっている人は、給料と一緒にもらう給料明細をじっくりと見たことがありますか？（給料は「給与」ともいいます。）給料明細の例として、右の書類を見てください。

「**支給額**」というのは、あなたがもらう給料です。「**控除額**」は、あなたの給料から差し引かれるお金です。

「**健康保険料**」は、病気やけがをしたとき、病院や薬局に払うお金を、国民みんなで助け合うためのお金です。

「**厚生年金**」は、将来「年金」をもらうためのお金です。

「**雇用保険料**」は、仕事がなくなって困ったときに、次の仕事が見つかるまでの間、助けてもらうためのお金です。

「**所得税**」と「**住民税**」は税金です。国・市役所・福祉・学校・警察・消防・道路などのためのお金です。

このほか、職場で食べる昼食代などが引かれることもあります。一番下の「**差引支給額**」が、振り込みや給料袋であなたがもらう金額です。これを「**手取り**」といいます。

支給額の合計－控除額の合計＝差引支給額（手取り）

❷ 年金・手当

「年金」は2か月に1回、「手当」は3～4か月に1回支給されます。どちらも生活を支える大切な収入です。支給された月に、たくさん使ってしまわないように気をつけましょう。

毎月の生活費をいくらにするかを決めて、その額だけを、給料・年金・手当などが入る預金口座から下ろして、計画的に使います。

ひとり暮らし便利帳　② 日々の暮らし

21. 1か月　いくらかかるか生活費

　給料は、たいてい1か月に1回もらいます。ですから、1か月ごとに必要なお金を計算して、使えるお金の金額を決めておきましょう。

❶ 生活するにはお金がかかる

　住む（家賃、電気・ガス・水道代）、食べる（食費）‥‥毎日生活していくにはお金がかかります。このお金を、3つに分けて考えてみましょう。

1）何かとかかるお金（1か月に使えるお金）

　食費（食材、調味料、弁当や外食などにかかるお金）、清潔のためのお金（シャンプー、洗剤、トイレットペーパー、床屋・美容院代など）、人とつながるためのお金（お茶・飲み代、カラオケなどにかかる交遊費）、これ以外に、毎月のお小づかいがかかります。

2）毎月絶対に必要なお金

　家賃、電気・ガス・水道代、通信費（電話・インターネット）、新聞代などです。毎月絶対に必要なお金なので、封筒に入れてとっておきましょう。給料や年金などが入る預金口座から、「自動引き落とし」にする方法もあります。

　また、ついお金を使いすぎてしまっても、食費に困らないように5,000円くらいを別にとっておくと良いでしょう。5キロのお米がだいたい2,000円くらいです。

　エアコンやお風呂のお湯の温度の関係で、電気代は夏と冬、ガス代は冬に、金額が上がります。通信費は、携帯電話の使い方によってはとても金額が上がるので、注意して使いましょう。

3）たまに必要になるお金

　毎月かかるわけではありませんが、何年かに1回、まとまった金額が必要になります。アパートの敷金・礼金（住み始めるとき）、更新料（たいてい2年に1回、契約を更新するとき）、タンスなどの家具、テレビなどの電化製品などです。また、洋服代、定期代、医療費などは、何か月かに1回、必要になるお金です。

　これらのお金は、1か月ごとの予算とは別に、貯金から出すようにすると良いでしょう。そのため、毎月の収入から決まった金額を、しっかり貯金しておくようにしましょう。

❷ 1か月に使えるお金

> 1か月の収入 － 2）の金額 － 3）のための貯金 ＝ 1）で使えるお金（1か月に使えるお金）

この計算をして、1）で使える金額（1か月に使えるお金）を決めましょう。

22. 小づかい帳を　つけてみよう

家計簿や小づかい帳をつけていますか？　何にどれだけお金を使っているかを知るには、家計簿や小づかい帳が便利です。

❶ 小づかい帳をつける

家計簿は、もう少し複雑な表になりますが、小づかい帳は、右のようにつけていきます。サトルさんは1週間7,000円のお小づかいで、昼食代や交通費などもそこから出しています。

日にち	内容	入ったお金（収入）	使ったお金（支出）	残りのお金（残高）
10/1	先月のくりこし	20		20
10/1	お小づかい	7,000		7,020
10/1	からあげ弁当 480 お茶 150		630	6,390
10/1	DVDレンタル		370	6,020

＜サトルさんの小づかい帳＞

10月1日（月）、新しい1週間が始まりました。小づかい帳をつけていくと‥‥

・「残りのお金」のところで「今いくら残っているか」がわかる。
　財布の中のお金と、ぴったり合うとうれしい！
・「どれくらい使ったか」がわかる。
　1か月で、何にどれくらいのお金を使っているのかな？　例えば、DVDレンタルのところに蛍光マーカーで色をつけ、それをたしていくと、1か月でDVDレンタルにどれくらいのお金を使ったかがわかる。

❷ らくらく小づかい帳テクニック

家計簿や小づかい帳を、きちんとつけていくのはけっこう大変です。無理をすると長続きしないので、「らくらく小づかい帳テクニック」がおすすめです。

1）「何に使ったか」が一番大切

2）そのために、レシートをもらおう

　そうすれば、「いつ、何に使ったか」を忘れない。書く時間がないときは、レシートを集めておくだけでも良い。飲み物や切符など、レシートの出ない自販機で買ったものはメモしておこう。

3）「残りのお金」の計算は、毎回しなくても良い

　「3～4日分まとめて」でも大丈夫。ただし、「けっこうお金を使ったな」という日は計算しよう。

4）日付の前後は気にしない

　2日（火）の後に忘れていた1日（月）のレシートを書きたしても良い‥‥とにかく、無理をしないで、つけていくようにしよう！

23. 見えないお金に　気をつけよう　💴

　お金を直接手渡したわけではないけれど、お金を渡したことになる・・・・「見えないお金」のしくみが、世の中には、いろいろあります。

❶ お金のかわりになる「見えないお金」

1）銀行振込
　あなたに給料を手渡すかわりに、あなたの預金口座にお金を振り込むことを給料の「銀行振込」といいます。銀行で「通帳記入」をすれば、給料の「支給額」が預金口座に入っていることを確認できます。

2）自動引き落とし
　預金口座から、決められた日（月末が多い）に、自動的に電気・ガス・水道代などを支払うことができます。しかし、預金口座のお金がたりないと、電気やガスは止められてしまいます。

3）クレジットカード・電子マネーなど
　お金を渡すかわりに「カード」で支払うしくみもあります。クレジットカードは、使ったお金が、月末にまとめて預金口座から引き落とされます。Suica（スイカ）やICOCA（イコカ）、PASMO（パスモ）などの電子マネーは、カードに入金（チャージ）してある金額を上限に、電車に乗ったり、買い物をすることができます。

❷「見えないお金」で注意すること

1）お金が減っていくのがわかりにくい
　現金（本当のお金）なら、使ったら減るのがわかります。でもカードは、使ったからといって小さくなるわけではありません。気づかないうちに、そのカードで使えるお金が減っていきます。

2）預金口座のお金が減っていく
　カードの中でも「クレジットカード」は、お金を後から支払う「借金」です。使った分だけ、後で預金口座のお金が減ります。年会費や手数料もかかるので、現金で支払うより高くなる場合もあります。どうしても「カードで」と言ってみたい人は、手数料のかからない「1回払い」にしましょう。

　Suica（スイカ）やICOCA（イコカ）、PASMO（パスモ）などは、駅やバスの中で入金（チャージ）する場合、現金を機械に入れるので、お金が減るのを実感できます。これを、便利だからといって「オートチャージ」にすると、カードの中のお金が減ると、預金口座からどんどんお金が引き出されることになります。いくら使っても減らない・・・・なんて思っているうちに、預金口座のお金はどんどん減っていきます。

　ですから、「クレジットカード」と「オートチャージ」を使うときは、いつも注意が必要です。

24. これであなたも 買い物上手

がんばって働いて手にしたお金は、大切に使いたいですね。そのためには、「買い物上手」になりましょう。

❶「買い物上手」は、安いお店を知っています

「100円ショップは、安い！」と思いこんでいませんか？ お菓子やレトルトカレーなど、100円ショップでは「105円」のものが、スーパーでは「88円」といったものがたくさんあります。

野菜や肉などの生鮮食品は、新鮮かどうかの「品質のちがい」があるので、比べるのが難しいですが、工場で作られた製品は、中身が同じものなら安いお店で買いたいですね。

何がどこで安いか、近くのお店をチェックしておきましょう。

❷「買い物上手」は、「必要なものか」「欲しいものか」を考えます

「いいな」「安いな」と思って、ついつい買ってしまう「衝動買い」をしてしまうことがあります。そんなとき、今買おうとしているものが、「本当に必要なものか？」「ただ欲しいと思っただけか？」を考えてから、買うかどうかを決めましょう。そうすると、むだな買い物が減っていきます。

❸「買い物上手」は、計画的に買い物をします

買い物に行く前に、何を買うかの計画を立てておくと、1）衝動買いをしない、2）買わなければならないものを買い忘れない、というメリット（良いこと）があります。買おうと思っているものをメモに書いて、持って行くようにしましょう。

❹「買い物上手」は、売りこみの手口にまどわされません

お店は、なんとか買ってもらおうと「売りこみ」をしてきます。チラシに書いてある「安くなっていますよ！」「今だけ！ 期間限定！」「数に限りがあります。先着○名様限り！」という宣伝も、「売りこみ」の手口です。

いらないものを買ってしまったり、賞味期限を考えないで、たくさん買いこんだりしないように気をつけましょう。

ひとり暮らし便利帳 ② 日々の暮らし

25. さぎ商法に 気をつけよう

あなたががんばって働いて手にしたお金を、だまし取ろうとする悪い人たちがいます。「悪徳商法＝さぎ」にだまされないようにすることを学びましょう。

❶ だまされないこと・相談すること

1）だまされないように、気をつけることが大切

そのために、どんな手口でだましてくるか、あらかじめ知っておきましょう。

2）「だまされたかな？」と思ったときは、すぐに信頼できる人に相談する

気をつけていても、だまされてしまうことがあります。少しでも「あやしいかな？」「だまされたな？」と思ったら、すぐ家族に相談します。相談できる家族がいない人は、あなたの住む市・区などの消費生活センターに相談しましょう。だまされることは、恥ずかしいことではありません。悪いのはあなたではなく、だます人なのです。

❷ 「悪徳商法＝さぎ」の手口と撃退法

悪徳商法では、いろいろな手口であなたのお金をねらってきます。

1）キャッチセールス

町の中で、「ちょっとお話しさせてください！」「アンケートです！」と声をかけたり、絵はがきを配って、受け取った人に声をかけたりします。「無視をする」「配っているものは受け取らない」のが一番ですが、つい話をしてしまっても、名前、住所などは絶対に教えてはいけません。また、「会場や店などに行きましょう」と言われても、絶対について行きません。

2）デート商法

どこかで知り合った異性から、「また会いましょう」と誘われて、「買って」「契約して」とねだられたら、あやしい「デート商法」です。あなたがおつきあいしたいと思って、買ったり、契約したりしても、その後はまったく連絡がとれなくなります。金品をねだったりする人とは、つきあわないようにしましょう。

3）訪問販売

家に来て、「水の点検」や「布団のダニの検査」をすると言って上がりこみ、浄水器や布団を高く売りつけようとします。検査を断って、家に上げないようにします。

このほか、勝手に物を送りつけてお金を請求する「さぎ」や、携帯電話やパソコンのメールを使った「さぎ」も増えています。身におぼえのないメールが届いても、すべて無視して削除するようにしましょう。

26. 預金口座・通帳・カード　上手に使おう

あなたの持っている銀行、信用金庫、ゆうちょ銀行（郵便局）などの金融機関の預金口座、通帳、キャッシュカードを、安全に、上手に使いましょう。

❶ 預金口座・通帳・キャッシュカード・印鑑

通帳やキャッシュカードには、持ち主（名義人）のあなたの名前が書かれています。それは、その金融機関にあなた名義の「預金口座」（ゆうちょ銀行では「貯金口座」）があることを証明しています。

「預金口座」は、金融機関にあるあなたの「金庫」だと思ってください。「通帳」は、その金庫の「小づかい帳」のようなものです。「キャッシュカード」は、金庫からお金を出す（＝預金口座からお金を下ろす）ときの「鍵」です。そして、金庫の「鍵」を開ける秘密の暗号が、「暗証番号」です。

もう1つ、預金口座からお金を下ろせる「鍵」があるのを知っていますか？　通帳と通帳を作るときに届けた「印鑑」（はんこ）があれば、誰でもお金を下ろせます。ですから、通帳と印鑑は、別々のところに大切に保管しておきましょう。

❷ 預金口座の上手な使い方

1）普通預金

給料、年金、手当などを「銀行振込」で受け取り、電気・ガス・水道代、家賃などを、「自動引き落とし」で支払うこともできます。通帳を持っていなくても、キャッシュカードだけでお金を下ろすこともできます（後で「通帳記入」をして、下ろしたお金と残高を確認します）。キャッシュカードは便利ですが、土・日・祝日や夜間、コンビニでお金を下ろすと、高い手数料を取られることもあります。

2）定期預金

「普通預金」のお金がだんだん増えてきたら、生活に必要なお金以外を「定期預金」に移してみましょう。1年、3年などの約束した期間中は、お金を下ろすことができませんが、「普通預金」より利息が高くて、まとまった買い物をするときのたくわえにもなります。

❸ あなたのお金を守るために

・**暗証番号**：自分の誕生日・住所・電話番号など推測できそうな番号はやめましょう。また、暗証番号は、通帳・キャッシュカードには絶対にメモしません。そして、家族以外誰にも教えません。
・**通帳と印鑑**：家の中の別々の場所にしまいましょう。
・**もしなくしたら**：通帳・キャッシュカード・印鑑をなくしたら、すぐに預金口座のある金融機関に連絡します。「大切帳」（80ページに説明）には、金融機関の連絡先を記入しておきましょう。

ひとり暮らし便利帳　② 日々の暮らし

27. 気をつけよう　お金のトラブル

　お金を上手に使って、生活をやりくりしていくとき、気をつけたいのはお金のトラブルです。

❶ お金の「貸し」「借り」はしない

1）お金を借りないですむ生活をする
　　お金を借りる必要がないように、使えるお金の範囲で生活します。

2）友だちや会社の同僚とのお金の「貸し」「借り」はしない
　　お金を貸したり、借りたりするのは、トラブルのもとです。お金を貸してあげたのに、いつまでも返してもらえないと、心配だし気になります。トラブルになって、友だちでいられなくなったり、会社をやめなければならなくなることもあります。

3）消費者金融でお金を借りると、返すのが大変
　　例えば、5万円を1年借りると5万9,000円返すことに、4年借りると9万6,938円返すことになります。借りたお金には高い利息がついて、たくさんのお金を返さなくてはなりません。

4）お金のことで困ったときは相談する
　　仕事をやめて収入がなくなったり、病気やけがなどをしてたくさんのお金が必要になったときは、障害者就業・生活支援センターや相談支援事業所、役所の福祉課へ相談に行きましょう。いろいろな福祉の制度を使って、大変な状態を乗り切ることもできます。

❷ 「保証人」「連帯保証人」にならない

・友だち、同僚、親戚の人などに、「保証人になってほしい」「連帯保証人になってほしい」「名義を貸してほしい」と頼まれても断ります。保証人、連帯保証人や名義を貸した人は、いざというとき、頼んだ人の代わりに、お金を払わなければなりません。突然たくさんのお金を請求されたり、お金を返さなければいけなくなることもあります。

・消費者金融などに一緒に行って、「自分の代わりにお金を借りてほしい」と頼まれても断ります。自分でお金を返す気持ちのある人は、人に頼んだりしません。そんな人にお金を貸しても、きっと返してもらえないでしょう。

・あなたの名前で契約したり、お金を借りられたりしたら大変です。友だちや同僚であっても、印鑑や健康保険証、運転免許証などを貸したり、渡したりしては、絶対にいけません。

28. 携帯電話と 上手につきあう

　携帯電話は、生活の中でなくてはならない便利なものです。でも、使い方によってはトラブルになることもあるので、上手なつきあい方をおぼえておきましょう。

❶ 便利な携帯電話

　あなたは携帯電話をどんなことに使っていますか？　通話、カメラ、メール、インターネットを使って、ゲームをしたり、電車の時刻表を調べたり、食事するお店をさがしたり、割引クーポンをチェックしたり・・・・。そのほか、字を忘れたときは辞書代わりにもなるし、ワンセグ機能つきだとテレビを見ることもできます。また、最近では高機能のスマートフォンが登場し、機種変更をした人もいるでしょう。

　このように、いろいろと便利な携帯電話を上手に使っていくためには、どんなことに気をつけたら良いでしょうか。

❷ 6つのことに気をつけよう

1）お金　2）なくした　3）忘れた　4）個人情報　5）人間関係　6）依存症

1）お金
　携帯電話を使っていると、どんなお金がかかるでしょう。

- **基本料金と通話料**：プラン（コース）によって、高い・安いがあります。1か月にどれくらい通話するかを考えて、プラン（コース）を選びます。
- **通信料**：メール、インターネット（ホームページ、ブログ、時刻表やお店の情報を見る、ゲーム、音楽のダウンロードなど）にお金がかかります。インターネットをたくさん使う人は、パケット制限のないプラン（コース）がおすすめです。
- **情報料**：契約期間中は「1か月いくら（100円〜300円のものが多い）」のものや、使ったときにだけお金のかかるものがあります。「無料ゲーム」といっても、楽しむための「アイテム」を手に入れるのに、お金がかかるものがほとんどです。

2）なくした
　携帯電話をなくしたら、すぐに電話会社に連絡します（「大切帳」に連絡先を記入しておく）。

3）忘れた
　会社・家族・友だちなどの電話番号は、携帯電話の電話帳に記録してありますね。でも、もし携帯電話を家に忘れてきたり、なくしてしまったら、連絡できなくなってしまいます。大事な連絡先は「大切帳」に書いておいたり、メモを財布などに入れておくと便利です。

※　4）5）6）は次のページの **29.** に書いてあります。

29. インターネットと 上手につきあう

　前のページ 28. の 4）5）6）は、携帯電話にもパソコンにもあてはまる、インターネットを使うときに気をつけることです。

❶ インターネットという「つながり」

　携帯電話で時刻表を調べるのも、パソコンでゲームや音楽をダウンロードするのも、みんなインターネットという「つながり」を使って、情報を得るものです。メールもいろいろなホームページも、出会い系サイトも SNS（ソーシャル・ネットワーキング・サービス）も、ツイッターもブログも、みんなインターネットという「つながり」を使って、情報のやりとりが行われています。

　特に気をつけたいのは、出会い系サイト、SNS、ツイッター、ブログなどです。

❷ 6つのことに気をつけよう　　1）2）3）は前のページ 28. に書いてあります。

4）個人情報

　電話は、電話をしている相手だけしか話を聞けません。メールは、送った相手しか見ることができません。しかし、出会い系サイトや SNS、ツイッター、ブログなどに書きこんだものは、たくさんの人たちが見ることができます。

　ですから、自分や家族、友だち、同僚などの名前や住所、電話番号、勤め先などを書きこんだり、写真を送信してはいけません。個人情報を守ることが大切です。

5）人間関係

　インターネットで知り合った人は、直接会っていない人どうしです。相手のことをよく知らないので、書きこんだことが誤解されやすく、思いがけず相手を怒らせてしまうこともあります。

　また、どんな人かよく知らない人と待ち合わせをして、ついていくのはとても危険です。さぎや誘拐、殺人など、出会い系サイトや SNS で知り合った人による事件が、毎日のようにニュースで伝えられています。

6）依存症

　携帯電話やパソコンを1日何時間も使って睡眠不足になったり、メッセージを送った相手から返事が来ないと不安で落ち着かない人は、「インターネット依存症」かもしれません。携帯電話やパソコンを使う時間を「1日○時間まで」と決めて、「使う時間」と「使わない時間」のメリハリをつけましょう。うまくいかないときは、信頼できる人に相談しましょう。

30. パソコンと 上手につきあう

　パソコンは、とても便利です。でも、いろいろなトラブルの原因になることもあります。パソコンとの上手なつきあい方を、知っておきましょう。

❶ 職場のパソコンは、仕事の道具

　皆さんの中には、仕事でパソコンを使っている人や、職場で、タイムカードや出勤簿のかわりに、パソコンに出勤時間を入力している人がいるかもしれません。職場のパソコンとの上手なつきあい方は・・・・。

1）仕事以外で使わない

　仕事中や昼休みに、職場のパソコンで、自分の好きなサイトを見たり、ゲームをしたり、友だちや恋人にメールを送ったりすることはしてはいけません。あなたがどんなことにパソコンを使ったか、職場のパソコン管理者にわかる場合もあります。自分の好きなサイトをたくさん見ていて、処分を受けた人もいます。

2）職場のパソコンのルールを守る

　職場によっては、「USBメモリーを職場から持ち出してはいけない」とか、「家からUSBメモリーを持ってきて、職場のパソコンにつないではいけない」などのルールがあります。「ウイルスの侵入」や「機密情報の流出」「個人情報の流出」を防ぐためのルールです。それぞれの職場のルールを守りましょう。
　大切な情報が社外にもれると、会社が大きな損害を受けたり、信用をなくすことになります。

3）パスワードは教えない、忘れない

　職場のパソコンを使うために、パスワードの入力が必要な場合もあります。「パスワードをほかの人に教えない」「パスワードを忘れない」のも、パソコンを使うための大切なルールです。

❷ パソコンは個人情報の宝箱

　メールや年賀状の住所録、インターネットでの買い物やネット銀行を使うときのパスワードなど、パソコンの中には大切な個人情報がたくさん入っているので、ほかの人に知られないように注意します。

31. 自分でできる 暮らしの安全

ひとり暮らしでは、自ら行う「心がけ」や「習慣」が大切です。毎日のちょっとした積み重ねが、安全で安心な生活を送るためには必要です。

❶ 必ず鍵をかける習慣

外出するときは、どんなときでも必ず鍵をかけます。たとえほんの数分の外出でも、鍵をかけましょう。そして、家にいるときも、念のために鍵をかけておきます。

天気が良い日は、窓を開けると気持ちが良いものです。でも、夜になり、電気をつけなくてはならない時間には、窓をしめて鍵をかけて、カーテンをしめましょう。

❷ 鍵をなくしたら

アパートやマンションに住み始めるとき、不動産屋から、部屋の鍵を何本か手渡されます。そのうち1本は、大家さんか管理人さんに預けることになっているので、もし部屋の鍵をなくしてしまったら、電話をして開けてもらいましょう。そしてすぐに、鍵を取りかえてもらうようにお願いします。

❸ 火事に気をつける

ガスコンロや石油ストーブは、火を使います。ちょっとした油断で、火事になることがあります。
なべややかんを長時間火にかけていると、「空だき」になり火事の原因になります。ガスコンロを使っているときはその場をはなれず、火から目をはなさないようにします。また、石油ストーブのそばに、カーテンなどの燃えやすいものがあると、火が燃え移ることもあります。石油ストーブのまわりには、ものを置かないようにします。

ヘアスプレーなどのスプレー缶を火やストーブに近づけると、缶が熱くなって爆発します。絶対に、火のそばに置いたり、近づけてはいけません。

❹ 電気にも注意

電気も火事の原因になります。コンセントのまわりにほこりがたまると、ろう電して火や煙が出ることがあります。また、ぬれた手でコンセントをさわっても、ろう電して火事の原因になったり、感電して大けがをすることもあります。

ずっとさしっぱなしのコンセントは、時々そうじをしてほこりがたまらないようにします。また、コンセントがぬれないように、水まわりには延長コードを置かないようにします。

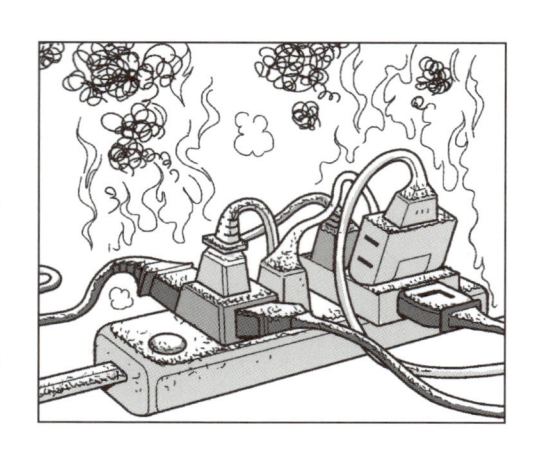

32. 貴重品とプライバシーを 守ろう

　大切な品物やお金は、まず自分で守る努力が必要です。プライバシーに関する情報がもれると、いろいろな事件にまきこまれる危険性もあります。

❶ 貴重品とは

　貴重品とは、お金や宝石などの高額な品物だけではありません。銀行のキャッシュカードやクレジットカードも貴重品です。保険証や運転免許証は、あなたが「本人」であることを確認するための、大切な「身分証明書」です。常に身につけておきましょう。また、印鑑や通帳も貴重品です。使う必要のないときは、部屋の中の鍵のかかるところなどに、別々にしまっておきます。

❷ 大金を持ち歩かない

　使い道がないのに、何万円も財布の中に入れておく必要はありません。毎月銀行から下ろす生活費のうち、必要な金額（1週間分くらい）を財布に入れて使います。

❸ プライバシーを守ろう

　あなたの名前、住所、キャッシュカードの暗証番号などのほか、どんな仕事をして、どんな趣味をもって、どんなことにお金を使っているかなどの情報を「プライバシー」といいます。人の「プライバシー」を知って、弱みにつけこんだり、お金をだまし取ろうとする人たちがいます。保険証や運転免許証、財布の中身を人に見せたり、知り合ったばかりの人に住所や電話番号、生年月日を教えたりすることは絶対にしません。

❹ 郵便受けの使い方

　郵便受けは、毎日、必ず中を確認するようにして、何か入っていたら部屋に持って帰ります。郵便受けの中に、はがきや封筒を何日も放っておいてはいけません。
　郵便受けから持ってきたはがきや封筒のうち、差出人やあなたの名前が書いてあるものは、捨てるときに、はさみで細かく切ってから捨てます。電話代などの支払金額が書いてあるものは、1年くらい保存するか、捨てる前に家計簿につけておきましょう。郵便受けの中は、「プライバシー」のかたまりです。必ず鍵をつけましょう。

ひとり暮らし便利帳　③ 暮らしの安全

33. 気をつけよう 危険であやしいのは？

　ひとり暮らしでは、時には不安に感じたり、孤独を感じたりすることもあります。この不安や孤独につけこみ、あなたをだまそうとする人たちがいます。

❶ 知らない人の誘いにのらない

　あなたをだまそうとする人は、路上で声をかけてくる人だけではありません。自宅にやって来る人もいます。知らない人、はじめて会う人が家を訪ねてきたら、すぐにドアを開けてはいけません。どうして家に来たのか、理由を聞きましょう。「良い商品を紹介しに来ました」「あなたの悩みを解決できます」「アンケートに訪れました」「抽選に当たりました」といった理由を言う人には、話を聞く前に「いりません」「けっこうです」とはっきり断って、帰ってもらいましょう。

❷ もしドアを開けてしまったら

　ドアを開けて、しばらく話しているうちに、何かの勧誘をしていることがわかりました。あなたはどうすれば良いでしょうか？
　「うそも方便」ということばがあります。「うそは悪いことだけど、こういうときには使って良い」という意味です。何も約束していないけれど、「会社の上司との待ち合わせ時間まで、もう時間がありません。遅刻すると怒られるので、終わりにします」などとうそを言って、話を終わりにしてしまいましょう。次の日もやって来るのが心配だったら、家族や相談支援専門員に相談して、どうすれば良いかを教えてもらいましょう。

❸ 電話やメールを使った勧誘

　勧誘は、自宅にやって来るだけではありません。時には携帯電話にかかってきたり、メールが送られてくることもあります。知らない人からの勧誘電話は、「すみません、いそがしいので」と言ってすぐに切りましょう。続けてかかってきても、電話に出る必要はありません。メールは、すぐに削除しましょう。返信してはいけません。メールの内容がよくわからないときは、家族や信頼できる職場の上司にすぐ相談しましょう。

❹ 知らない請求書が届いた

　何も買っていないのに、突然「請求書」が送られてくることもあります。郵便受けにはがきが届いたり、メールで送信されてきたりします。このような「請求書」は、難しい表現を使って、あなたにお金を振り込ませようとするものです。内容がわからないときは、すぐに家族や信頼できる職場の上司、相談支援専門員に相談しましょう。

34. 地震や台風に そなえる

　日本は、どこに住んでいても地震や台風にあう可能性があります。自然の災害はいつ起こるかわかりません。いつ起こっても大丈夫なように、準備をしておきます。

❶ 非常用持ち出し袋

　いつ何があってもいいように、家には「非常用持ち出し袋」を用意しておきます。大きなスーパーやホームセンターでは、一式そろえてリュックに入れて販売しています。少し高いものですが、そろえておくと安心です。

　自分で、もっと安くそろえることもできます。使わなくなったリュックに、ペットボトルの水、ライター、懐中電灯、携帯ラジオ、防寒用のジャンパー、常備薬の予備、軍手、ごみ袋、タオルなど、避難するときに最低限必要なものを入れておきます。

❷ 乾電池で聞けるラジオ

　地震や台風などの自然災害のときは、携帯電話がつながりにくくなり、停電になるとテレビもつきません。こういうとき一番心強いのが、乾電池で聞ける携帯ラジオです。自家発電式（ソーラー・手回し式）で、懐中電灯と一体型のものもあります。

❸ 地震だ！

　一人で家にいるとき、大きな地震が起こったら、おどろいてパニックになるかもしれません。まずは気持ちを落ちつかせて、あわてずに次のことを守りましょう。

・頭を守る（ふとんをかぶる・机にもぐる）
・まわりを見わたす（火がついていたら消す）
・動けるなら、ドアを開けて出口の確保（すぐに飛び出すのは危険。上からものが落ちてくるかも）

　ゆれがおさまったら、外の様子を確認します。家の中が危険だったり、一人でいるのが不安だったら「避難場所」に行きます。余震や、地域によっては津波にも注意‼

❹ 避難場所の確認

　住んでいる場所ごとに、「避難場所」が決められています。近所の人や相談支援員に、あらかじめ「避難場所」を教えてもらいましょう。

ひとり暮らし便利帳 ③ 暮らしの安全

35. 女性のひとり暮らし 心配なこと

　女性のひとり暮らしは、男性の場合より心配が多いものです。気をつけることは、家族と一緒に生活しているときと変わりませんが、いっそうの注意が必要です。

❶ 暗い人通りのない道を一人で歩かない

　職場からの帰り道、友だちと遊んでからの帰り道には気をつけましょう。また、夜おそくならないように、電車やバスが走っているうちに帰宅するようにします。もし、自宅までのバスがなくなったら、夜道を一人で歩かないでタクシーで帰りましょう。

❷ すぐにドアを開けない

　自宅に来客があっても、すぐにドアを開けてはいけません。知らない人の場合、特に気をつけましょう。宅配便の配達など、どうしてもドアを開けなくてはいけないときは、チェーンをかけたまま少しだけ開けて、顔や服装を必ず確認しましょう。

❸ インターネット上の会員にならない

　パソコンや携帯電話を使って、インターネット上で会員登録することには、慎重になりましょう。入力した住所と電話番号が使われて、事件にまきこまれてしまうこともあります。どうしても会員になりたいものがあったら、家族や相談支援事業所の相談支援専門員に登録画面を見せて、安全かどうかを確認してからにしましょう。

　携帯電話を持ち歩くことは、防犯上、非常に良いことです。いつも充電されているかを確認して、持ち歩くようにしましょう。寝るときは、何かあったらすぐに助けを呼べるように、携帯電話を枕元に置いて寝ましょう。

❹ 洗濯物の干し方とカーテン

　洗濯物を干すときは、「女性のひとり暮らし」がわからないように、男性の洋服を一緒に干したり、下着を家の中に干すなどの工夫をします。室内で洗濯物が干せるハンガーを用意しておくと便利です。

　窓につけるカーテンを選ぶときは、光を通さない「遮光」のものを選びましょう。暗くなり始めたら、カーテンをしめてから電気をつけます。カーテンを先にしめないと、部屋の中が外からまる見えになってしまいます。

36. 大切な人との きずな（絆）

　家族や友だち、職場や地域の人たちなど、大切な人との結びつきを「きずな（絆）」といいます。「きずな」を感じられることは、大きな安心感につながります。

❶「きずな」とは

　地震などの大きな災害や、事故などにまきこまれたときに、あらためて、人との「きずな」の大切さを確認することになります。「きずな」は、あなたにとって大切な人たちを気づかうこと、思いやることで築かれていきます。

❷「きずな」を築くこと

1）身近な幸せを感じよう

　家族に支えられたり、友だちに励まされたりする「幸せ」は、あまりにも身近すぎて、その大切さ、ありがたさに気づきにくいものです。

2）感謝のことばを伝えよう

　大切さやありがたさに気づいていても、恥ずかしかったり、照れがあって、なかなか感謝の気持ちを伝えることができません。あたり前になっている小さなことや、何気ないことでも、相手に「ありがとう」の一言を伝えることが大切です。

3）相手を応援しよう

　あなたがいつも気にかけていることがあったら、家族や友だちにそのことを伝えましょう。また、がんばっている相手には、あなたが応援していることを伝えましょう。

4）おたがいに「きずな」を感じよう

　元気になるメッセージを伝える、相手のことを応援してあげることで、「きずな」が築かれて、深まっていきます。あなたから応援された家族や友だちは、あなたとの「きずな」を感じているはずです。

5）「きずな」を深めよう

　お正月やお盆休みに帰省して、家族と一緒にすごすこと。旅行やお祭り、キャンプなどの楽しいイベント。ゆっくり時間をとって、2人で食事・・・・。家族や友だちと共感しあったり、思い出をつくる経験は、「きずな」をさらに深める大切な時間となります。

ひとり暮らし便利帳 ④ 人間関係

37. ご近所との 良いつきあい

安心で快適な毎日を送るためには、まわりに住む人たちと仲良くすることが大切です。仲良くしていくためには、ルールやマナーを守ることが必要です。

❶ あいさつをしましょう

あいさつはコミュニケーションの基本です。「おはようございます」「こんにちは」・・・・そして、頭をちょっと下げるだけで大丈夫。笑顔があればもっとステキ。

❷ 騒音のマナー

1）大きな音を立てない

アパートやマンションは、意外に音がひびきます。深夜や早朝のテレビ、ステレオの音量には気をつけましょう。友だちを家に呼んだときは、特に要注意。盛り上がって、「みんなで大さわぎ」は近所迷惑の代表です。友だちにも、大きな音を立ててはいけないことを、あらかじめ伝えておきましょう。

また、夜10時以降は、そうじ機や洗濯機など、大きな音の出るものは使わないようにします。

2）静かにすごす

みんなが寝る時間になったら、部屋で静かにすごします。2階より上の部屋に住んでいる場合、下の部屋に音がひびかないように、静かにゆっくり歩きます。また、携帯電話を床に置くと、着信音やバイブ音が下の部屋にひびくので注意します。

❸ ごみ出しのルール

1）分別と回収日

ごみ出しには、「分別」と「回収日」のルールがあります。地域によって、燃えるごみ・資源ごみ・不燃ごみの「分別」や「回収日」がちがうので、管理人さんに確認しておきましょう。ごみ出しのルールを守らないと、あなたの出したごみは回収してもらえません。

2）ごみの保管

玄関やベランダに置いたごみから、異臭（いやなにおい）が出ることがあります。夏は特に、ごみがくさりやすいので、ビニール袋を二重にしたり、ごみ出しを忘れないようにします。

また、ごみを前日の夜に出すと、カラスに散らかされたり、放火の原因にもなって、まわりの人が迷惑します。ごみは「回収日」の朝に出します。

38. 苦情を言われたとき　苦情を言いたいとき

　地域で、アパートやマンションで、守るべきルールやマナーが破られると苦情が出てきます。人間関係の問題には、十分注意して対応することが必要です。

❶ 近所の人に苦情を言われたとき

例えば、「騒音がうるさい」と言われたら・・・・

１）「すみませんでした」と素直に謝る

　むやみに言い返しても、相手を怒らせるだけです。事情があるときは、謝った後に説明します。

２）対策を立てよう

・テレビやステレオの音がうるさい
　⇒音量を小さくする。イヤホンやヘッドホンを使う。
・そうじ機がうるさい
　⇒夜はそうじ機を使わない。フローリングならふき取りシート、カーペットならコロコロが便利。
・話し声がうるさい
　⇒声の大きい友だちには、部屋に来たときに、小さい声で話すようにはっきりと伝えておく。
　⇒携帯電話での話し声にも注意。

３）それでもくりかえし苦情が来たり、身におぼえがないとき

　まず、身近な人に相談し、公平な立場から、大家さんや管理会社に仲介してもらうなどの方法を考えましょう。

❷ 近所の人に苦情を言いたいとき

１）直接言わずに、大家さんや管理会社を通す

　余計なトラブルを避けるため、直接苦情を言うのはやめましょう。大家さんや管理会社にまず相談をして、対応をお願いします。そのときの説明のために、日付と時間、どんな迷惑だったかの状況をメモしておきます。また、相手に自分の名前を知らせないように、お願いしておきます。

２）腹が立っても、壁をたたいたりしてはいけません

　相手の不信感が強くなるだけです。少しめんどうですが、苦情は大家さんや管理会社を通す方法で伝えます。

３）「おたがいさま」も大切

　同じ建物や部屋の構造なので、騒音や音のひびきは、相手も同じように感じているはずです。おたがいに、多少のがまんは必要です。

39. 人間関係のもつれ　トラブル

　人はそれぞれ違った価値観や性格をもっています。人間関係の悩みは難しいので、一人で抱えこまずに、信頼できる人に相談することが大切です。

❶ 適度な距離感が大切

　友だちとのつきあいには、適度な「距離感」が大切です。一緒にいる時間がだらだらと長くなったり、おたがいの趣味や考えを無理やり押しつけたりしないようにします。無理ながまんを積み重ねることのない、信頼して頼れる関係が理想です。

❷ セクハラとパワハラ

1）セクハラとは
　セクハラには、異性にいやらしい発言やボディータッチをしたり、昇進・昇給などの見返りに交際を強要するものなどがあります。オフィスにエッチな雑誌をわざと見えるように置いたりするのも、セクハラになります。

2）パワハラとは
　パワハラは、上司・部下の上下関係を利用して、大声でどなりちらしたり、無理な業務命令を出したり、お酒が飲めない人に飲酒を強要することなどです。

3）セクハラ・パワハラにあったら
　どちらも、いやがらせをしている人の自覚は、ほとんどありません。「コミュニケーションのつもり」と言って開き直ることもあります。
　こんなときは証拠集めが大切。「誰が、いつ、どこで、どんなこと」を具体的にメモしたり、レコーダーで録音しておくのも効果的です。また、信頼できる人に相談するとともに、地域の「女性センター」や「セクハラ・パワハラ110番」を活用することもできます。

❸ ストーカー

　恋愛や友人関係のもつれや、「相手も自分のことを好きだ」という勝手な思いこみから、つきまとったり、監視したり、しつこく電話やメールをすることなどは「ストーカー行為」で、これは「犯罪」です。
　もし、「ストーカー」されていると感じたら、すぐに、信頼できる人に相談しましょう。「ストーカー行為」を解決するためには、信頼できる人につきそってもらい、警察に行って相談することも必要になります。

40. 楽しく遊べ！　大人の暮らし

　人には個性があり、大勢で過ごすのが好きな人もいれば、一人で過ごす時間が好きな人もいます。自分の好きな余暇の過ごし方を探しましょう。

❶ 自分らしさを大切に

　あらためて、子どもの頃に好きだったことを思い出してみてください。実は、子どもの頃に好きだったことを、大人になってからも趣味として楽しんでいる人は、たくさんいます。あなたはどうですか？

　大切なことは、自分の好きなこと、魅力に感じることを、自分で見つけることです。小さい頃からの暮らしをふりかえって、自分の「良い思い出」として残っていることを、思い出してみましょう。

　旅行で行った場所、学校の授業で楽しかったこと、家族が好きだったこと、自分がいつの間にか本屋さんで立ち読みをしていた雑誌・・・・そんな中に、あなたらしい楽しみ方の「ヒント」があるはずです。

❷ 友だちを大切にしよう

　友だちができるきっかけはさまざまです。学校、仕事、趣味、友人の紹介など・・・・。気が合って、休日に一緒にすごしたいと思う人がいたら、ぜひさそってみましょう。楽しいイベント、スポーツ観戦、映画やDVD鑑賞、ゲーム・・・・。一人より、友だちと一緒の方が何倍も楽しいことがあります。でも、一人で楽しむ方が好きな人は、それでO.K.です。

　友だちと長くつきあう方法の１つは、メールや電話をもらったら、できるだけその日のうちにていねいに返事をすることです。

❸ 恋愛も大切

　誰かを好きになることは、とても大切で、すばらしいことです。でも、好きになった人と、いつも一緒にいられるわけではありません。相手が、あなたを好きになってくれないことも、たくさんあります。それでも、相手を好きになる気持ちを大切にして、家族や友だちに相談してみましょう。きっと良いアドバイスがもらえます。

　失恋すると、むなしい気持ちでいっぱいになり、なかなか立ち直れないかもしれません。涙をこらえて、あるいは涙をたくさん流して・・・・新しい出会いのため、次の恋愛のために、「別れはサッパリ」としたいものです。

ひとり暮らし便利帳　⑤　余暇と趣味

41. お金をかけずに　上手に楽しむ

　友だちと遊ぶとき、恋人とデートするとき、「お金がすぐになくなってしまう」と悩んでいませんか？　お金をあまり使わなくても、楽しめる方法があります。

❶ 都道府県や市区町村の施設を使おう

・図書館や博物館、美術館はとてもおもしろい！　気の合った友だちと出かけてみては？　図書館では、CDやDVDを無料で借りられるし、博物館の展示物は数か月ごとに変わっていく。

・動物園、水族館、植物園は、大人でも楽しめる。これらの施設のまわりには、散歩やお弁当を食べるのに適した場所があり、施設に入らなくても、コンビニでおにぎりと飲み物を買って、ピクニックするのも楽しい。

・地域の住民センターでは、時々イベントが開催されて、人が集まり、いろいろなお店が出ることもある。イベント情報をキャッチしておこう。なつかしい人に出会うことがあるかも？

・スポーツや趣味の体験教室が、いろいろなところで開かれている。とても安く体験できるので、これもおすすめ！

❷ 趣味をもとう、スポーツをしよう

　同じ趣味やスポーツをするために集まった人たちと、楽しく休日を過ごすのが一番リフレッシュできるかもしれません。スポーツは、やり方によってはお金もあまりかかりません。

❸ お弁当を持って公園に行こう

　近くの公園や河原、小高い丘、森・・・・。とにかく気の合う人と、のんびり歩くのも楽しいものです。もちろん一人で行っても気分爽快！　フリスビーやバドミントンを持って行けば、楽しく体も動かせます。

❹ 部屋の中でも楽しめる

　レトロなボードゲームやトランプだって、友だちとなら楽しい！　景品を持ち寄って、テレビゲームで対戦するのも盛り上がります。

42. お酒・タバコ・ギャンブル　大人らしい遊び？

お酒、タバコ、競馬、パチンコ‥‥これらは大人の遊びと言われていますが、「ここまで」と思ったときに「やめることができる」のが、大人として大切なことです。

❶ お酒

1）飲みすぎに注意
大人になると、会社の打ち上げなどで、お酒を飲む機会がたくさんあります。友だちや、職場の仲間と楽しく飲むお酒は良いものですが、いつも飲みすぎて、まわりに迷惑をかけるのでは困ります。お酒を飲む量や、飲む時間を「今日はここまで」と決めておきましょう。

2）お酒以外の趣味をつくろう
休日に一人でお酒を飲むのは、お酒を飲むのが本当に好きだから？　もしかしたら、ほかに楽しいことがないから？　一人でお酒を飲むと、飲みすぎたり、アルコール依存症になりやすいです。何か趣味をつくったり、友だちと出かけたりしましょう。

❷ タバコ

タバコをゆったり吸っている大人の姿に、あこがれたことはありませんか？　でも今では、タバコは町で暮らすたくさんの人からきらわれて、タバコが吸える場所もどんどん減っています。また、タバコを吸うと、将来、肺の病気などのさまざまな病気にかかりやすくなります。

❸ ギャンブル

1）みるみるお金がなくなる
「ギャンブルで大もうけした！」と自慢している人がいませんか？　でも、大もうけする前にどれくらい損をしたか、大切なお金がどれだけなくなってしまったか、まわりの人には言いません。1か月の収入が、わずか数時間でなくなってしまうこともあります。

2）ギャンブルでお金はもうからない
運が良くて、たまたまもうかることもあります。でも、ギャンブルを1年間続けた場合、お金がもうかる人は誰もいません。ギャンブルをやっているときは、「ワクワク」「ドキドキ」できるかもしれませんが、大人の遊びの中で、もっとも早くお金がなくなる遊びなのです。

❹ 「やめたい」のに「やめられない」とき（依存症？）

お酒やタバコ、ギャンブルを「やめたい」のに「やめられない」ときは、保健所や精神科クリニックに相談しましょう。

コラム

こんな余暇活動もあるよ！

● 丸の内オフタイム倶楽部 ●

　「丸の内オフタイム倶楽部」は、毎月1回、企業で働く、主に知的障害のある人のアフターファイブ（仕事が終わった後）の場です。会の目的に賛成してくださった企業と老舗レストランの協力で始まり、もうすぐ10年目をむかえます。目的は、楽しみの場（余暇活動）、ストレス発散の場、そして一生つきあえる友だちをつくる場、の3つです。

　この会を考えた理由は、障害に関係なく「仕事帰りの一杯！」を実現したいと思ったからです。場所がビジネス街なのもそのためです。また、毎月1回みんなが集まるので、就労支援機関のフォローアップを効率的に行うことも考えていました。

　会は、「事業」ではなく、ごく普通の消費活動として行っています。それは、①「事業」だと、事業が廃止になった時点で活動が終わってしまうこと。②飲み食いに税金が使われるべきではないこと。③経済活動として行うことができると思ったからです。お客さんが楽しみ、お店が繁盛することは、社会にとっても良いことです。そんな「三方良し」なら、「事業」としなくても続けていくことができると考えました。

　当初は、東京丸の内の高級なお店の会場に、誰もが緊張していました。でも、だんだん慣れてきて、今では、月に1回のアフターファイブを満喫しています。また、お店のスタッフさんたちも、障害のある人と接することに慣れてきました。

◆ 楽しむ人が主体

　最初のうちは、余暇活動とフォローアップの両方を同時にすることを考えていました。しかし、そのうち、余暇活動は「楽しむ人」のもの

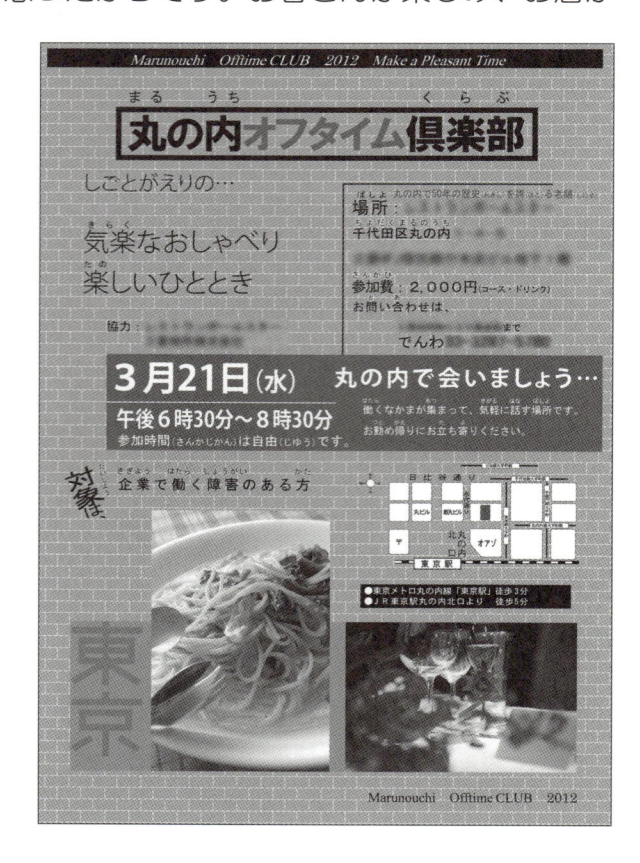

であって、支援者の特別な意図が入るのは好ましくないと思うようになりました。フォローアップは確かに必要ですが、支援者にそういう意図があると、食事会があまり盛り上がらないことに気づいたからです。そこで、支援者は目立たないように、参加者が「楽しめる場」をつくり上げることにしました。

　支援者が脇役になると、参加者本人たちの楽しむ力や、お店がもっていたサービスの力が引き出されてきました。次第に、「苦手な上司がいる」「ボーナス出た？」「不況だから今はやめない方がいいよ」など、普通の飲み屋にあるような会話が聞かれるようになりました。

◆ ストレス発散の場

　障害のない人を想定した社会の中で、障害のある人が働き、暮らしていくには、ずい分ストレスがたまります。一般的には、さまざまな娯楽や、消費活動を楽しむことなどでストレスの発散はできますが、障害のある人にとって、その機会や種類はとても少ないのが現実です。

　健康に働き続けるためには、この会のような楽しむ場が必要です。障害のある人が、気軽に楽しめるようなお店やアフターファイブの選択肢が、もっと増えてほしいと思っています。

◆ 老年期の生きがいを考える

　今働いている人たちは、何年後かには定年をむかえ、やがて老年期を生活することになります。老年期は、「人生のまとめ」の時期です。この時期に生きがいを感じるためには、①何かの仕事をがんばってきて、そこで身につけた知識や経験、人間関係があること。②家族や親戚、親しい友だちがいること。そして、③健康であることが挙げられます。

　障害のある人は、さまざまな制約から人間関係が広がりにくく、老年期になると、友だちや知人はますます少なくなります。この会で、一生友だちでいられるような人と出会い、年をとっても時々会ったり、電話やメールで連絡をとりあえたらいいなと思います。それは、障害のある人にとって、老後の生きがいにつながるはずです。「来月はAさんとBさんと旅行に行くんだ。そういえばAさんとBさんとは、毎月の食事会で出会ったんだっけな～」となれば、この会は大成功です。「丸の内オフタイム倶楽部」には、そんなことを期待しています。

● やさしい旅の会 ●

「やさしい旅の会」は、主に企業で働く知的障害のある人を対象に、年に4〜5回の日帰りツアーを企画しています。今年で5年目になり、会員数は約180人で、障害に配慮した特別な旅行ではなく、普通の個人ツアーのかたちを取り入れています。知的障害のある人が参加しやすい旅行とは何かを、旅行会社と一緒に考えています。

◆ わかりにくい一般旅行商品

「知的障害のある人が、気軽に旅行を楽しむためにはどうしたら良いか」「その人らしい旅行の楽しみ方を、きっともっているはず」そんな思いから、この企画はスタートしました。

「みんな旅行が大好きなのに、どうして数ある旅行商品に参加しないのか」という疑問は、複雑でわかりにくいパンフレットが原因ではないかと考えました。気に入った旅行商品に申し込みさえできれば、誰もが旅行を楽しむことができると考え、協力してもらえる旅行会社と一緒に企画を考えました。このプログラムでは、参加申し込みの部分をわかりやすく工夫しています。しかし、旅行の内容は、一般の個人ツアーと同じです。

◆ 実は優良なお客様

はじめ、旅行会社はトラブルや事故を心配していました。しかし、ツアーを実施してみると、そのようなことは一切ありませんでした。反対に、礼儀正しく純粋に旅行を楽しんでいる姿を見て、旅行会社の人たちは、「優良なお客様であるということに気づかされました」と話していました。知的障害のある人たちが優良なお客様であることがわかれば、あとは旅行業界の中で、サービスが発展していくことでしょう。旅行のことは旅行会社に任せておけば、サービスも値段も良くなります。この会は、それが実現するまでのつなぎのプログラムと考えています。

◆ ごく普通の旅行の様子

　旅行のテーマは、季節感や温泉、グルメ、名所、体験など、一般のツアーと同じ内容です。障害への特別な配慮はありません。心配しすぎたり、支援しすぎることで、旅行の楽しみが減ってしまうからです。さらに、余分な支援は商品の価格に上乗せされます。配慮は、本当に必要なものだけにして、あとは普通の設定としました。そのため、参加費は一般のツアーと同じくらいです。

　最初のうちは、バスの車内でカラオケやゲームを希望する人もいましたが、団体旅行ではないことを説明しました。今では、ガイドさんの案内を聞いたり、車窓やまわりの人との会話を楽しんでいます。参加者は、旅行の日を楽しみにして、お気に入りの洋服やバッグでおしゃれをして来ます。一人ひとりの旅行の楽しみ方もふくらんでいて、旅先では職場へのおみやげを選んでいる姿も見られます。職場は、旅行のみやげ話で盛り上がることでしょう。

　これまでの団体旅行とはちがって、自分で旅行商品を選んで、旅を楽しめるということが大切です。用意されたものでなく、自分で選んで体験したことは楽しさも倍になります。これから求められる余暇支援は、障害のある人を楽しませることよりも、障害のある人が自ら選択し、参加して楽しむ力を引き出すことではないかと考えています。

　もし、旅行に行ってみたいと思ったら、近くの旅行会社に相談してみましょう。最初は、信頼できる人に一緒に行ってもらう方が良いでしょう。「サービスのユニバーサル化」が進む今、親切に対応してくれる旅行会社も増えています。旅行以外のことでも、「参加してみたい」「自分でやってみたい」と思ったら、ぜひチャレンジしてみてください。

◆ 消費は「あなたらしさ」

　あなたがどういう生活をしたいかで、自分で稼いだお金を何に使うかが決まります。どんなことにお金を使うかは、「あなたらしさ」でもあるのです。しかし、世の中にたくさんあるサービスの、すべてを受けられるわけではありません。特に、コミュニケーションに障害のある人には、利用したり、参加できないものもまだあります。今後、あなた自身が選択して参加し、楽しめることが増えるようになると、余暇活動の幅はもっと広がるでしょう。

第3章

3つの「もしもストーリー」

1. このストーリーは、実際にあったお話です。
   自分が予想しなかった出来事や失敗が次々と起こり、とても困った事態になってしまいました。まず、ストーリーの区切りごとに、なぜうまくいかなかったり、失敗したのか、原因を考えてみてください。

2. 失敗の原因を取りのぞくためには、どうしたら良いでしょうか？
   失敗から抜け出す方法、失敗をしないように予防する方法はたくさんあるはずです。「もしも」の後に書いた方法はその一例です。

3. 「もっと良い方法がないのか」「自分だったらどうするか」まわりの人と話し合ってみましょう。

   もしも、事前の準備をしていたら・・・・

   もしも、良い相談相手がいたら・・・・

   もしも、知識があって制度を知っていたら・・・・

   このストーリーがどのように変わっていったかの例が書いてあります。

A デート代のために借金をしてしまった2人

通勤寮での生活がきっかけで、仲良くなった2人は、別々の会社に就職した後も、休日のデートを楽しんでいました。

↓

毎週のデートは、おたがいに節約しているつもりだったのですが、映画やカラオケ、スロットなどで遊ぶうちに、貯金を下ろしても、まだお金がたりなくなってきました。

↓

お金がないとデートが楽しくありません。2人は交代で、サラ金（消費者金融）からお金を借りることにしました。おかげで、また楽しいデートができるようになりました。

↓

借金を返すように催促する電話や郵便が、自宅や職場に何度も来るようになって、両親や職場の上司に、2人が借金をしていることがわかってしまいました。

↓

両親からは、つきあいをやめるように言われ、2人の関係もうまくいかなくなり、結局別れてしまいました。借金を返すために、自由に使えるお金がほとんどなくなり、2人の生活はわびしいものになりました。

もしも お小づかいの使い方を話し合って、デート代を決めていたら・・・・？？

- 2人は話し合って、自分たちのお小づかいの範囲で、デートをする計画を立てたので、大切な貯金を下ろさなかったでしょう。おたがいの家に行ったり、お金のかからないデート場所の情報を集めたでしょう。
- 計画的にデート代の相談をした2人は、その後も大切なことを前もって、2人で相談する良い習慣ができたでしょう。2人で解決できないときは、両親や相談支援事業所の人に相談するという決まりもつくれたでしょう。

もしも サラ金でお金を借りる前に、両親にお金がたりないことを相談していたら・・・・？？

- サラ金は、お金を返す約束を破ると、とてもきびしい取り立てをします。両親は、サラ金の利用を事前に止めてくれたでしょう。また、2人のお小づかいの金額で楽しめるデートの方法について、教えてくれたでしょう。

＊ 友人やサラ金から借りたお金を返すのは、とても大変なことです。2人だけで決めないで、必ず信頼できる人に相談しましょう。

もしも 大きな借金を返せないと理解して、早めに両親や信頼できる職場の上司に相談していたら・・・・？？

- 相談を受けた両親や職場の上司は、はじめはきびしく注意しますが、2人の将来のために、借金を返せるように力を貸してくれたでしょう。

＊ サラ金は、お金を借りるまでの手続きはとても簡単で、現金をすぐに受け取れます。でも、借りたお金を約束した日までに返すことは、とても難しいことです。<u>たくさんの大人が、お金を返すことができなくなり、仕事を失い、家を失い、家族を失っています。</u>

もしも 大きな借金の経験の後で、「成年後見制度」の金銭管理を手伝ってくれるサービスを利用していたら・・・・？？

- 2人は、成年後見制度や地域福祉権利擁護事業を利用して、お金の管理を手伝ってもらうことで、その後はお金のトラブルにまきこまれることもなく、安心した生活に戻ることができたでしょう。大きな失敗をしても、それであなたの生活や人生が終わってしまうわけではありません。

B 両親の入院で生活・仕事に大きな影響が出てしまったオサムさん

両親と仲の良いオサムさんは、両親と一緒に地域の行事に参加したり、お母さんの友人のカラオケグループなどに参加して、楽しく休日をすごしていました。会社でも礼儀正しく、仕事もまじめで、上司から信頼されていました。

↓

お父さんが急病で入院することになり、お母さんは看病のために、家にいないことが多くなりました。オサムさんは、一人でカラオケグループに参加しましたが、まわりがみんな年上の人ばかりで、以前のように楽しくありません。

↓

自宅で一人ですごす時間が多くなり、両親から注意されることもないので、寝る時間や食生活が乱れてきました。家に引きこもっていることが多くなり、仕事にも影響が出てきました。

↓

お父さんは病気のために亡くなってしまいました。悲しんだお母さんも、体調が悪くなって入院し、オサムさんは自宅で一人で暮らすことになりました。でも、「お金を銀行からどのくらい下ろしたらいいか」「電気代や水道代をどうやって支払ったらいいか」わからないことだらけです。不安と生活の乱れで、職場でも失敗が続き、とうとう仕事をやめてしまいました。

もしも オサムさんに同じ年代の友人と、カラオケやスポーツを楽しむ習慣があったら・・・・？？

- 両親が病気になったり、高齢になってオサムさんと一緒に外出できなくなっても、オサムさんは同じ年代の友人と、楽しい休日をすごすことができたでしょう。
- 両親が入院したり、亡くなった後でも、オサムさんが自宅に引きこもってしまうことはなかったでしょう。

もしも 将来の生活のために、通勤寮やグループホームを経験したり、ひとり暮らしをめざす努力をしていたら・・・・？？

- 家の中で声をかけてくれる両親がいなくなっても、グループホームの経験を思い出して、きちんとした生活を続けられたでしょう。
- そうじ・洗濯・食事などを、ヘルパーさんの助けを借りながら続けることができたので、会社の仕事に悪い影響は出なかったでしょう。

もしも 両親が亡くなった後のことを考えて、「成年後見制度」を使っていたら・・・・？？

- きょうだいのいないオサムさんは、両親が亡くなった後に頼りにできる人がいません。成年後見制度を利用して、お金の管理のことや会社の仕事のこと、生活のことなどなんでも相談できる人（補助人、保佐人、後見人）を、家庭裁判所に決めてもらうことができたでしょう。
- なんでも相談できる人がいるので、両親の入院や、亡くなった後のことも、相談しながら手伝ってもらうことができたでしょう。また、財産をとられたり、だまされたりする心配もなく、自分の生活と仕事を安心して続けることができたでしょう。

C いつの間にかストーカーになってしまったアツシさん

職場でいつも話しかけてくれる先輩。旅行のおみやげをもらったことから、先輩は自分のことが好きなのかもしれないと勘ちがいをして、アツシさんは先輩を好きになってしまいました。

アツシさんは、先輩のことが気になって、先輩がどこに住んでいるのかを、とても知りたくなりました。先輩の帰り道、そっと後をつけて、どこに住んでいるかを知ることができました。

アツシさんは、先輩のことが気になって、夜、何も用事がないのに先輩に電話をかけたり、休日に、先輩の家のまわりをうろうろするようになりました。

先輩は職場に苦情を言い、アツシさんは上司から注意されました。でもアツシさんは、自分が休日に何をしようと勝手だと思い、先輩の家のまわりを散歩することをやめませんでした。すると、近所に住んでいる人が警察へ通報して、アツシさんはパトカーに乗せられてしまいました。この事件が原因で、結局会社もやめることになりました。

> **もしも** 職場の研修などで、「職場での人間関係」と「職場をはなれた人間関係」の区別が大切だと、教えてもらっていたら・・・・？？

- アツシさんは、職場で自分に親切にしてくれる先輩と、職場をはなれた場所（先輩の自宅近くなど）でも親しくできると思ったのは、大きなまちがいであると気がついたでしょう。
- たとえ先輩を好きになる気持ちが生まれたとしても、それを職場に持ちこんだり、職場をはなれた生活に入りこんだりすることは、いけないことだとわかっています。先輩の帰り道を、かくれて後をつけることはしなかったでしょう。

> **もしも** 用もないのに電話をかけてきたり、家のまわりをうろうろされたら、先輩は気持ちが悪いと感じて、こわくなると知っていたら・・・・？？

- アツシさんは先輩のことが大好きなので、先輩が「気持ちが悪い」と感じたり、「こわくなる」ようなことはしません。先輩がどこに住んでいるか知っていても、先輩にきらわれるようなことはしなかったでしょう。
- 用もないのに先輩に電話をしたり、先輩の自宅に近づくことはすぐにやめたでしょう。

＊自分の好きな人からきらわれないためには、相手の気持ちを考えることが大切です。また、職場と職場以外の生活をきちんと区別して、<u>職場をはなれた生活には、相手の許しがなければ近づいてはいけません。</u>

> **もしも** 職場の人の家の近くで、「気持ちが悪い」「こわい」と思われるような行動をくりかえすと、「ストーカー行為」として警察に調べられると知っていたら・・・・？？

- アツシさんは、自分の行動が「ストーカー行為」（犯罪）と同じであることを理解して、すぐに先輩の自宅近くを散歩することをやめたでしょう。
- また、注意してくれた会社の上司にも、自分の行動を反省して、「ストーカー行為」をやめたことを報告したでしょう。上司と相談して、先輩にも謝り、許してくれるように頼んだでしょう。

＊相手がいやがっているのに、自宅の近くをうろうろしたり、窓から中をのぞき見たり、何度も電話をかけたりすることは、「犯罪」なので警察が取り調べをします。相手の人が訴えれば、裁判になって刑務所に入ることになるかもしれません。

第4章

安心安全3つのキーワード

　私たちが社会で生きていくとき、一番大切にしなければならないのが一人ひとりの「人権」です。すべての人には、人間として尊重され大切にされる「権利」があるのです。

　また、私たちは自分の力だけでなく、地域の人や行政のさまざまな支援・サービスを受けて、自立した生活を送っています。

　ここでは、あなたが社会で安全に、安心して暮らしていくために知っておくべき大切なキーワードを紹介します。

1　権利擁護

■ 基本的人権とは、あなたの「人権」とは

　私たちは、どんな生活をするか、どこに住むか、どんな仕事につくかなどを自分で決めることができます。このように、自分で自分のことを決めることを、「権利」があるといいます。それぞれの「権利」の基には、私たち人間が生まれたときから持っている「人権」があります。

　「人権」は、一人ひとりが持っているもので、人として尊ばれ、いつでも、どこでも、そして誰にでも、同じように守られるべきものです。「人権」は、一人ひとりが人間として大切にされて生きていくために、なくてはならないものなのです。また、一人ひとりが「人権」を持っているので、私たちは自分の「人権」を大切にするだけでなく、ほかの人の「人権」もおたがいに認め合うことが大切です。私の「人権」・あなたの「人権」・そして多くの人々の「人権」・・・・それぞれの「人権」を大切にしていきましょう。

■ 「人権が侵害される」ということ

　私たちは、それぞれの人が「人権」を持っていて、おたがいに認め合って生きていくことが大切です。しかし、時々、力の強い人が力の弱い人からお金を取りあげたり、暴力をふるったりすることがあります。被害を受けた人の「権利」が奪われ、人間として大切にされないことを「人権が侵害される」といい、決して許されません。

　障害のある人も、人として大切にされ、社会の仲間として大事にされ、尊敬されて生きていく「権利」があります。しかし、障害があるということで、ほかの人と同じように扱われなかったり（「差別」といいます）、「いじめ」や「虐待」を受けたりして、障害のある人の「人権が侵害される」ことがあります。このように「人権が侵害される」ことがあっても、本人が

身近な人にそれをうまく伝えることができなかったり、ほかの人が気づかなかったりすると、本人にとって辛い状態が長く続くことになってしまいます。

■「権利擁護」とは

　障害のある人が、人間として、社会の一員として大切にされ、差別されずに生きていくことは尊重されるべきことです。しかし実際には、「差別」を受けたり「いじめ」や「虐待」を受けたりして、人として大切にされないことがたくさん起こり、平成24年に、障害のある人の「権利擁護」を目的とした「障害者虐待防止法」が施行されました。

　知的障害や発達障害のある人は、「権利」を奪われ、「人権を侵害される」ことがあっても、ほかの人にうまく伝えることが難しい場合があります。「権利擁護」とは、こうした場合に仲間や親や支援者が、障害のある人に代わって「権利」や「助けてほしいこと」を伝えていくことです。

　「権利擁護」には、ほかの人に暴力をふるわれたというような、明らかな「虐待」や「いじめ」、「差別」を受けている人を助けることだけでなく、障害のある人の立場に立って、障害のある人が地域で安心して生活していくことができるようにすることをめざした、幅広い活動も含まれています。

■「相談支援」を活用しよう

　新しい「障害者自立支援法」（平成24年一部改正）では、「相談支援」が強化されました。「相談支援」は、障害のある人が地域で安心して生活していくことを支援するためのもので、地域で自立した生活を続けていけるように、「相談支援専門員」の人が、いろいろな相談に対応してくれます。（「相談支援専門員」の人は、全国の「相談支援事業所」にいます。）

　「相談支援専門員」の人は、障害のある人の要望に応じて福祉サービスを調整するだけでなく、障害のある人の「権利擁護」も行ってくれます。「相談支援専門員」の人は、障害福祉の専門職として、あなたの話をよく聞き、どんな生活を選択していけば良いか一緒に考えてくれます。そして、あなたを勇気づけ、良いところを見つけて、前向きに生きる力を引き出してくれます。

■ あなたにとっての自立（自律）とは

　私たちは、大人になると、自分のことはできるだけ自分で行い、働いたり、さまざま活動に参加したりして生活していきます。自分のことが自分でできるようになることは大切なことですが、本当に困ったときは、ほかの人の力を借りたり、さまざまな福祉サービスをうまく使っていくことも大切です。例えば、グループホームでの生活、働くことや生活介護などの日中活動、ホームヘルプサービスなどの福祉サービスをうまく組み合わせて、そこに関わる多くの人に支援されて、生活を続けていくのも1つの方法なのです。

　また、自分で自分のことができる（自立といいます）だけでなく、いろいろなことを自分で決めていくこと（自律といいます）も大切なことです。自分で決めることが苦手な人は、信頼できる人の意見を聞いて、選択や決定を手助けしてもらいましょう。ほかの人に手助けしてもらうことは、決して恥ずかしいことではありません。私たちは、自分一人の力や知識だけでは、さまざまな問題を、すべて解決することはできないのです。例えば、法律に関わる問題は、法律の専門家に援助を求め、その支援を受けて、みんな問題を解決しているのです。

2　犯罪

■ 知的障害のある人がまきこまれやすい犯罪の例

　新聞やテレビを通じて、さまざまな事件を見聞きします。しかし時には、本当に事件にまきこまれてしまうこともあります。例えば、力の強い人におどされてお金を取られたり、やさしい言葉にだまされてお金を取られたり、あるいは安いと思って契約したのに、その後、すごく高いお金を請求されたりすることもあります。

　また、一生懸命働いたのに、約束された給料がもらえなかったりすることもあります。知り合いに誘われて、本当は買いたくないのに、自分も買わなければいけないと思って高いものを買ってしまい、

その後知り合いとはまったく連絡がとれなくなってしまうこともあります。これらはすべて「恐喝」とか「さぎ」と呼ばれる「犯罪」であり、あなたが訴えれば、犯人は法律によって罰せられるものです。

最近では、携帯電話やパソコンを使った「犯罪」が増えています。例えば、IDやパスワードを聞き出して悪用したり、インターネットで商品を買ってお金を支払ったのに商品が届かなかったり、出会い系サイトでお金をだまし取られたりするような「犯罪」にまきこまれることが多いのです。

■ 犯罪にまきこまれないためには

犯罪にまきこまれないためには、まず「自分の身は自分で守る」ことが大切です。そのためには、ふだんから、「これは危ない」とか、「これは危なくない」などを判断できる力を身につけるようにします。また、「自分だけでは良くわからないとき」や「少しでも迷ったとき」には、必ず家族や支援者など、信頼できる人に相談してから決める習慣をつけておくことが、もっとも大切です。

また、ふだんから注意することとしては・・・・

- 「集金」や「配達業者」とうそをついて家に入りこもうとする人がいます。一人で留守番しているときは、すぐにドアを開けずに、まず用件を聞きます。また、ドアを開けるときには、ドアチェーンをしたままで相手を確認します。
- アパートやマンションのエレベーターの中でも、犯罪が起きています。見知らぬ人と２人きりでは、エレベーターに乗りません。
- 道を聞くふりをしたり、「遊ぼう」と声をかけたりして、どこかへ連れて行って悪いことをしようとする人もいます。知らない人に誘われても、絶対について行きません。知らない人の車にも、絶対乗りません。
- 夜間、一人で外出するのも危険です。女性は特に気をつけましょう。どうしても外出するときは、「防犯ベル」を持ち歩き、危険を感じたら助けを呼びます。バッグなどの貴重品は手に持たず、たすきがけでしっかりと身につけて、後ろからひったくられないようにします。
- メールは便利ですが、書かれている内容をすぐに信じたり、返信したり

してはいけません。「おかしいな」と思ったときには、家族や支援者などの信頼できる人にすぐに相談します。

- 一方的に送られてくる「迷惑メール」は、あなたからお金や個人情報をだまし取ろうとするものです。メールは開かないですぐに削除しましょう。また、身におぼえのない料金請求のメールが届いても、無視して削除して大丈夫です。
- 出会い系サイトを利用した「犯罪」も増えています。お金をだまし取られたり、危険な思いをしないためにも、出会い系サイトを利用することはやめます。
- 名前や住所、電話番号などの個人情報は絶対に教えません。

■ もし犯罪にまきこまれてしまったら

犯罪の被害にあいそうだ、あるいは被害にあってしまったら、思いっきり大声で叫んで助けを呼びます。（一度練習しておくと良いでしょう。）身の危険を感じたときは、逃げることが大切です。そして、すぐに携帯電話で110番をするか、警察署や交番に行って警察官に知らせます。家族や友だちに知らせることも大切です。

また、だまされたことに気づいたり、「おかしいな」と思ったときは、怒られることを心配しないで、すぐに信頼できる人に相談します。悪いのはあなたではありません。だます人が悪いのです。

3　相談支援ネットワーク

■ あなたを支える相談支援ネットワーク

障害のある人もそうでない人も、誰もが住みなれた地域でふつうの生活ができ、活動できる社会をつくっていくこと（「ノーマライゼーション」といいます）が大切です。しかし、障害のある人が

地域で生活しようとすると、さまざまな難しさが出てきます。移動することやコミュニケーションに困難があっても、福祉サービスについてよく知らないと、適切な支援を利用することはできません。また、福祉サービスのことは知っていても、福祉サービスの事業者があちこちにあって、選択が難しく利用しにくい場合もあります。

そんなときは、福祉サービスにくわしい「相談支援専門員」の人に相談することで、必要な情報を教えてもらったり、福祉サービスの利用手続きを手伝ってもらうことができます。「相談支援専門員」の人は、障害のある人の生活に必要な「グループホーム」や「ホームヘルプサービス」、「日中活動の事業者」を集めて、あなたの希望する生活を支援するための話し合いの場もつくってくれます。

■「障害者自立支援法」で、どんなサービスが受けられるのか

平成18年度から行われている「障害者自立支援法」（平成25年度から「障害者総合支援法」）は、障害のある人が地域で生活することや、企業で働くことを応援するための法律です。住まいの場としてグループホームでの生活を支援したり、昼間は会社で働いたり、「就労継続支援事業」などに通うことを支援してくれます。また、会社で働くことをめざした訓練の場として「就労移行支援事業」もあります。このほか、日中活動の場を支援する「生活介護事業所」や「地域活動支援センター」があります。家庭での生活には「ホームヘルプサービス」を、外出の際には「移動支援事業」を利用することもできます。

平成24年度から、この「障害者自立支援法」がさらにパワーアップして、障害のある人の生活を、よりいっそう支援できるものになりました。「相談支援事業所」に配置されている「相談支援専門員」の人が、障害のある人の希望に応じて福祉サービスなどの利用計画をつくり、障害のある人が望む生活を実現する手伝いをしてくれます。（これは「ケアマネージメント」と呼ばれています。）まずは、「相談支援専門員」の人に、「私は、こんな生活がしたい」と遠慮なく言って伝えましょう。「相談支援専門員」の人は、あなたと一緒にあなたの生活を考えてくれるのです。

■ 相談支援を利用するには

　障害のある人が、地域で安心した生活を送るために、「相談支援事業所」が全国にあります。そこには「相談支援専門員」の人がいて、あなたの相談にのってくれます。発達障害に関わることであれば「発達障害者支援センター」が、働くことについては「障害者就業・生活支援センター」（地域によっては、障害者就労支援センター）が、あなたの相談にのってくれます。さらに、地域には「知的障害者相談員」や「民生委員」の人たちもいます。どこに相談していいのかわからないときには、市役所、区役所、町役場などに行って、相談すると良いでしょう。

　「相談支援専門員」の人が中心となって、あなたが受けている福祉サービスの事業所の人たちを集めて、あなたを支援するための情報交換を行う会議を開くこともあります。この会議にはあなたも出席して、自分の意見を言うことができます。こうした多くの人々に支えられるしくみを「支援ネットワーク」といいます。このような「支援ネットワーク」があると、地域生活はより豊かで安心なものになります。

　さらに地域には、障害のある人に関わる団体や施設・事業者・行政などが参加した「自立支援協議会」を置くことになっています。関係者が集まって、地域の支援などについて話し合い、問題があればそれを解決するための方法を検討します。あなたも、このような会に当事者（障害のある人）として参加し、自分の希望を伝えていきましょう。

■ 支援ネットワークの上手な活用法

　支援ネットワークを活用し、さまざまなサービスを組み合わせて、あなたの望む生活を実現していくことができます。グループホーム、働ける会社、生活介護などの日中の活動と、ホームヘルプサービスなどの福祉サービスをうまく結びつけて利用していくことが大切です。

　例えば、マサオさん（男性28歳）は中度の知的障害があり、両親と妹が一人います。療育手帳（B判定）は、特別支援学校に入ってから取りました。中学部を卒業後、家の近くの作業所に入所し、

日中活動として箱折りの作業を中心に行っていました。作業の工賃は、月に3,000円くらいでした。

「障害者自立支援法」が実施され、障害程度区分の調査のために、地域の「相談支援事業所」から「相談支援専門員」の人が、マサオさんのところに来ました。マサオさんは、「相談支援専門員」の人に、以前から気になっていた地域生活（グループホーム）のことについて聞きましたが、その場で受けた説明だけでは、自分にグループホームでの生活ができるかどうかの自信がもてませんでした。

その後、「相談支援専門員」の人の紹介で、同じくらいの年齢のタカシさんと会って、グループホームでの生活について直接話を聞くことができました。これをきっかけに、両親と相談してグループホームでの生活をスタートすることに決めました。また、自分で簡単な食事をつくることや、お金の使い方、部屋をそうじすることなどを教えてもらうサービスを受け、実際にグループホームを見学したり、体験入居をすることもできました。

29歳になって、「相談支援専門員」の人が調整してくれた、実家に近いグループホームに住むことになりました。日中活動としては、食品加工の「就労移行支援事業A型」に通うことになりました。給料は月に7万円です。年金と給料を合わせて、マサオさんは、自立した生活ができるようになりました。グループホームでは、ほかの利用者4人と生活し、年齢も近いため落ちついた生活が送れています。今は、自分の好きなものを買いに、休日、近くのスーパーマーケットに行くことが一番の楽しみです。

障害のある人が地域で生活するためには、障害のある人に関わるさまざま人たちが、それぞれ協力し合って支えていきます。このような「支援ネットワーク」は、障害のある人が、「自分のことを自分でできるようになっていくことを支援」するためのものですが、それにも増して、「自分のことを自分で決定していく支援」をしていくことを大切にしています。

自分で選択したり決定することが難しいと考える前に、どのようにしたら自分で選択して決定したりできるかを、支援してくれる人たちと一緒に考えていくことが大切です。

「見てわかる社会生活ガイド集」編集企画プロジェクトおよび執筆分担

志賀 利一
■独立行政法人 国立重度知的障害者総合施設のぞみの園
　事業企画局研究部　部長

長く働き続けるための社会生活ガイド（p8-9）
はじめに（p12-17）
第1章　みんなの体験から学ぶ（p20-23, 56-59）
第2章　ひとり暮らし便利帳（p108-113）

江國 泰介
■社会福祉法人 東京緑新会地域生活相談室おあしす
　室長・相談支援専門員
　兼多摩療護園障がい者雇用支援担当

第1章　みんなの体験から学ぶ（p40-51, 60-63, 72-75）
第2章　ひとり暮らし便利帳（p96-108）

渡邉 一郎
■足立区中部福祉事務所
　高齢援護係　係長

この本を読む前に（p10-11）
第1章　みんなの体験から学ぶ（p52-55, 64-71）
第2章　ひとり暮らし便利帳（p78-83, 117-119）
第3章　3つの「もしもストーリー」（p126-130）

渡辺 裕介
■東京都立南大沢学園　主幹教諭

第1章　みんなの体験から学ぶ（p24-27, 36-39）
第2章　ひとり暮らし便利帳（p85-88）

村上 知之
■神奈川県立岩戸養護学校　総括教諭

第1章　みんなの体験から学ぶ（p28-35）
第2章　ひとり暮らし便利帳（p83-84, 89-91）

大塚 晃
■上智大学総合人間科学部社会福祉学科　教授

第4章　安心安全3つのキーワード（p134-141）

大形 利裕
■特定非営利活動法人 日本就労支援センター
　就労支援担当

第2章　コラム　こんな余暇活動もあるよ！（p120-123）

青山 均
■公益財団法人 明治安田こころの健康財団
　広報・支援部長

この本を読む前に（p10-11）
第2章　ひとり暮らし便利帳（p92-95, 113-116）

本文／カバーデザイン　peek a boo　宇都宮 政一
本文／カバーイラスト　中尾 佑次

知的障害・発達障害の人たちのための
見てわかる社会生活ガイド集

2013年1月2日　初版第1刷発行
2025年4月11日　初版第17刷発行

編　著　「見てわかる社会生活ガイド集」編集企画プロジェクト
協　力　公益財団法人 明治安田こころの健康財団
発行者　加藤 勝博
発行所　株式会社 ジアース教育新社
　　　　〒101-0054　東京都千代田区神田錦町1-23 宗保第2ビル
　　　　TEL 03-5282-7183　FAX 03-5282-7892

印刷・製本　シナノ印刷株式会社
○定価はカバーに表示してあります。
○乱丁・落丁はお取り替えいたします。

Printed in Japan
ISBN978-4-86371-205-8